顔体操

ほほえみ上手になるエクササイズ

日貿出版社

著—岡本るみ子
国際ホリスティックフェイス協会 代表

はじめに

イギリス・バーススパで私が決意したこと

●顔体操との出会い

２０１２年２月のことです。私は、イギリス・バーススパにて、日本人で初めて予防医学機関公認の、顔体操（フェイスエクササイズ）国際資格を取得することができました。

これまでの努力が結実したのです。これから私は、日本、いや世界中の人たちが、今日より明日、明日より明後日、楽しく健やかに、明るく美しく年を重ねていくことができるよう、この顔体操を伝えていくことを神様に誓いました。

今から５年前、私は、シンガポールの日本語放送局でラジオＤＪをしていました。生活サイクルが不規則で、昼夜が逆転、パソコンやミキサー、CD・MDの機材を操作しながら生放送番組を一人で進行していました。いわゆる「ワンマンDJ」というスタイルですが、これに馴染めず、ネガティブなことばかり考えるようになり、自分の存在意義・存在価値さえ見失っていたのです。

　このような心の状態では、いくら頑張って無理矢理笑顔を作り、リスナーに元気になってもらおうと話しかけても、伝わるはずがありません。さらに、同僚などの前でも愛想笑いばかり。顔の表情が自然ではなく硬くなってパキパキ言っているのを感じていました。挙句の果てに「大丈夫です」「頑張ります」が口癖になる始末。まさに、心と表情がバラバラになっていたのです。

　心だけでなく身体の調子も悪くなり、微熱と原因不明の背中や腰の痛みが何日も続きました。そんな時に出会うことができたのが、心理表情学の世界的権威であるポール・エクマン博士でした。

『Emotions Revealed（邦訳、顔は口ほどに嘘をつく）』
ポール・エクマン

●宇宙に生きる地球人としての使命に気づかせてくれた ポール・エクマン博士

ポール・エクマン博士は「20世紀の傑出した心理学者100人」に選ばれ、かつアメリカの人気テレビドラマ「Lie to Me（ライ・トゥ・ミー嘘の瞬間）」の主人公・ライトマンのモデルになった人物です。

エクマン氏の存在を知った翌週に、なんとシンガポールで講演があるというではありませんか。すぐに取材申請をすると快諾を頂き、インタビューが実現しました。

彼の著書を読み、インタビューシートを作り、準備しました。そして、当日を迎え、想像以上の目から鱗のお話を聞くことができた上に、講演会にもお招き頂くことができたのです。

その講演時に使用していたのがエクマン博士らが開発した人間の顔（表情）の動きを可視化したシステムであるＦＡＣＳ（顔動作記述システム）でした。この時、私は人生で初めて、表情を分析することが可能な機器を自分の目で確認することができました。そして、本格的に心理表情学を勉強することにしたのです。

エクマン博士は心身で起きていることは全て顔に表れると説いています。勉強するうちに、自分の力（意識）で表情形成に欠かせない表情筋を動かすことは、心や脳の病気予防や健康増進などに有効なのではと考え始めるようになりました。

そして、２０１０年に、イギリスの予防医学機関が公認する国際資格の存在を知ったのです。それが、本著でご紹介する顔体操です。

●ラジオ体操が見直されている

奇しくも昨年４月に講談社から『大人のラジオ体操』が出版され、いつでもどこでも誰もが簡単にお金も道具も不要というラジオ体操の良さが再認識されました。

このラジオ体操が誕生したのは戦後復興期とのことです。日本人が何もかもを失いながらも敗戦を乗り越え、何としても再生しなければならない時でした。戦後70年近くが経過した今、再度、日本は未曾有の危機に直面しています。ここ数年の経済低迷、山積みの社会問題、東日本大震災からの復興・再生、尖閣諸島をめぐり中国との関係悪化などなど数え上げたらきりがありません。

先行き不透明な時代だからこそ、一人一人が正しい価値観を持って、世界平和を願い、心豊かに健康で幸福に生きる活力を自分で調えるスキルが必要ではないでしょうか。

●顔体操が広がる

顔体操の講座には老若男女問わず、学生からご年配の方まで、職業も様々な方にご参加頂いております。最初は硬くて動くのを忘れ、眠ってしまっていた表情筋が徐々に動くようになってくると、皆さんが喜んで下さいます。そして、２０１２年10月には、インストラクター養成講座を開講しました。全国からご受講頂きまして、日本の第一期生が誕生しました。今後、全国でこの顔体操が普及し、多くの方々のお役に立てることを考えますと、使命と責任の大きさにワクワクドキドキしております。

●世界に一つだけのあなたの顔

年を重ねる毎に、自分の顔を見る時間は減少傾向にあります。「顔」は両親からの贈り物。「表情」には、あなたがどのように人生を過ごしてきたかが表れます。

この本を通し、世界に一つしかないご自分の顔と心と向き合って、顔体操を日常習慣化して頂きたいと切に願います。顔を動かすだけではなく、呼吸・瞑想を取り入れ、リズミカルに行うこの顔体操は、外面のみならず、内面にも効果を発揮、そして、潜在能力を引き出すことができます！

あなたの大切な方々の「健幸」（健康・幸福からとった造語です）のために…。一人でも多くの方が顔体操の重要性に気づいて下さいますことを心から願っております。

2013年2月吉日

著者識す

顔体操　もくじ

もくじ

顔体操を始める前に

微笑み上手は、人生を豊かにします

ポール・エクマン博士は、私たち人間は1万通り以上の表情を成すことができると言っています。表情筋がしなやかに柔らかく動くと表情のバリエーションが増えます。しかし、表情筋が衰えてしまうと、表情のバリエーションが少なくなり、能面のような顔つきになってしまいます。

そこで、まずは瞬間顔体操をお伝えします。お薦めの時間帯は、起床後、すぐです。「一年の計は元旦にあり」ではありませんが、「一日の計は起床時にあり！」です。

生まれ変わった新しい細胞のスイッチをオン！

顔体操を行うことで、細胞たちが伸び伸び、活き活き活動します！

瞬間（約3分）顔体操　Step 1

30秒　フェイスヨガのVシェイプ

姿勢を正して深く息を吸い、６秒間指でツボを刺激、
ゆっくり指を離していく。これを５セット行う。

1 **準備**：中指を眉頭（攢竹《さんちく》）に、人差し指を目尻（瞳子髎《どうしりょう》）におきます。そして鼻から息を吸い込みます。

2 **実践**：2つのツボを指圧しながら、6秒間かけて口から息を吐き出します。

息を口から吐きながら、ツボを刺激する。目は閉じる寸前。上瞼と下瞼に力を入れ、睫毛が触れるくらいまで閉じる。完全には閉じない。これを５セット繰り返す。

ポイント　上瞼と下瞼の皮膚がピクピクするくらい

96秒

表情筋トレーニング

8秒間かけて酸っぱいものを食べたときの顔を作り、
8秒間キープ。8秒間かけて驚いたときの顔を作る。
8秒間キープ。これを3セット行う。

1 8秒間かけて、ゆっくり鼻先に各パーツを近づけていく。

2 上唇と下唇を「朝顔」の花のように、しっかりと開く。そして、8秒間キープ。

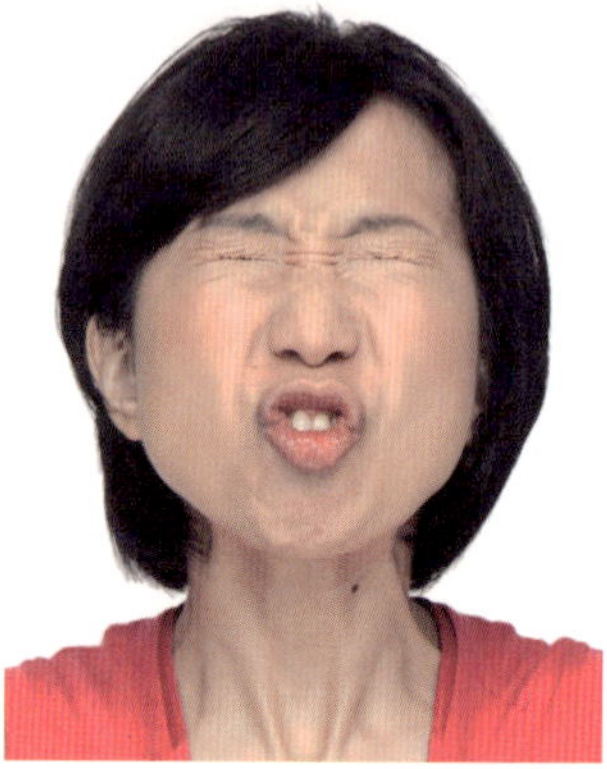

ポイント

酸っぱいものを食べたときのような顔。

3 8秒間かけて、ゆっくり広げていく。目も口も、これ以上開かないというところまでしっかりと行う。

4 皮膚がピクピクするくらい、しっかり大きく。その状態で8秒間キープ。

ポイント

驚いたときの顔をイメージ。

Step3

60秒

頭皮マッサージ

全ての指の腹で頭皮を刺激、柔らかくし、
血行を良くする。これを1分間行う。

全ての指の腹で頭皮をもむようにつかんだら離す。つかんだら離すの繰り返し。ギュッ、パッ。ギュッ、パッ。1分間行う。

ポイント 頭皮を刺激し、
しっかり脳を起こしましょう！

あなたは、どのエクササイズが必要？

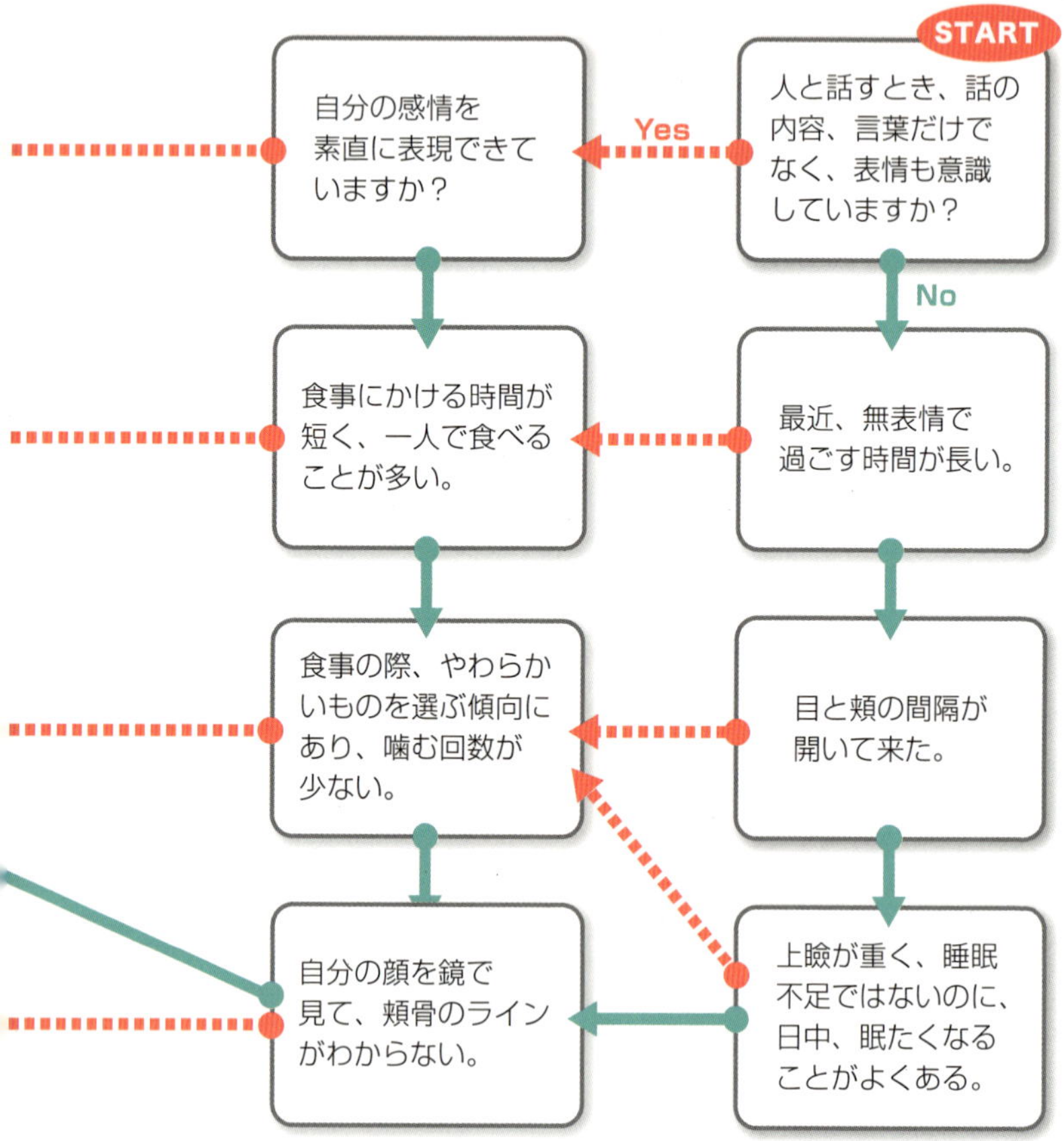
START
人と話すとき、話の内容、言葉だけでなく、表情も意識していますか？
Yes
自分の感情を素直に表現できていますか？
No
最近、無表情で過ごす時間が長い。
食事にかける時間が短く、一人で食べることが多い。
目と頬の間隔が開いて来た。
食事の際、やわらかいものを選ぶ傾向にあり、噛む回数が少ない。
上瞼が重く、睡眠不足ではないのに、日中、眠たくなることがよくある。
自分の顔を鏡で見て、頬骨のラインがわからない。

フェイス指圧へ

意識が高いあなたは、すでに表情力はあります。ただ、常日頃から予防対策は必要です。また、時間のあるときは、他のエクササイズも行って下さい。

フェイスヨガへ

顔にも日頃のストレスや疲れが老廃物として蓄積しています。動かすことを忘れている表情筋をしっかりほぐしていきましょう。

表情筋トレーニングへ

表情筋が衰え、脂肪燃焼効果が低下している上、皮膚も硬くなってきています。表情筋をしっかりと自分の力で意識しながら、効果的に鍛えていきましょう。

フェイスリフトマッサージへ

かなり顔に老廃物が蓄積しています。まずは、自分の指で優しくマッサージを行い、末端の毛細血管から血行を改善しましょう。リンパの流れも良くします。

自分の表情が好きですか？

表情形成の際、筋肉がひきつるような感じがする。

全体的に顔がむくんできた、たるんできたと感じる。

顔に触れて少し圧をかけると、目や頬、顎の周辺などコリを感じる箇所がある。

引き締まった顔

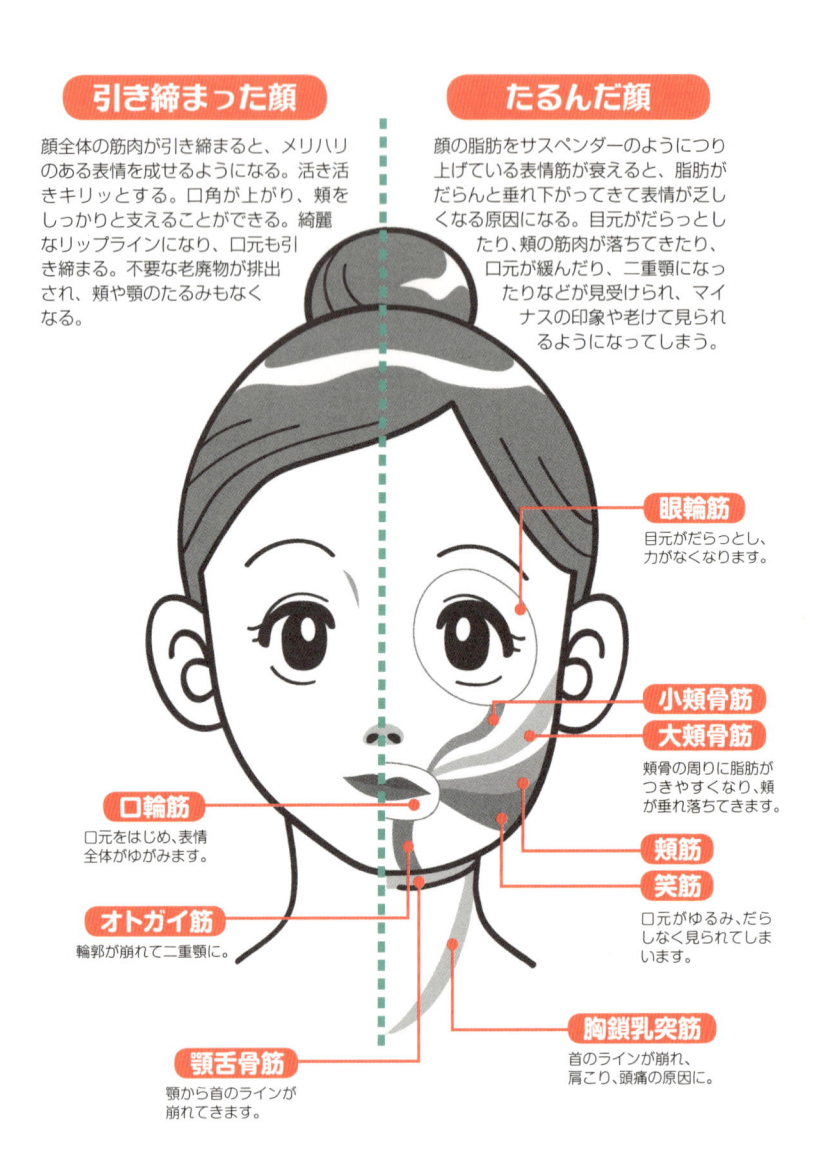

顔全体の筋肉が引き締まると、メリハリのある表情を成せるようになる。活き活きキリッとする。口角が上がり、頬をしっかりと支えることができる。綺麗なリップラインになり、口元も引き締まる。不要な老廃物が排出され、頬や顎のたるみもなくなる。

たるんだ顔

顔の脂肪をサスペンダーのようにつり上げている表情筋が衰えると、脂肪がだらんと垂れ下がってきて表情が乏しくなる原因になる。目元がだらっとしたり、頬の筋肉が落ちてきたり、口元が緩んだり、二重顎になったりなどが見受けられ、マイナスの印象や老けて見られるようになってしまう。

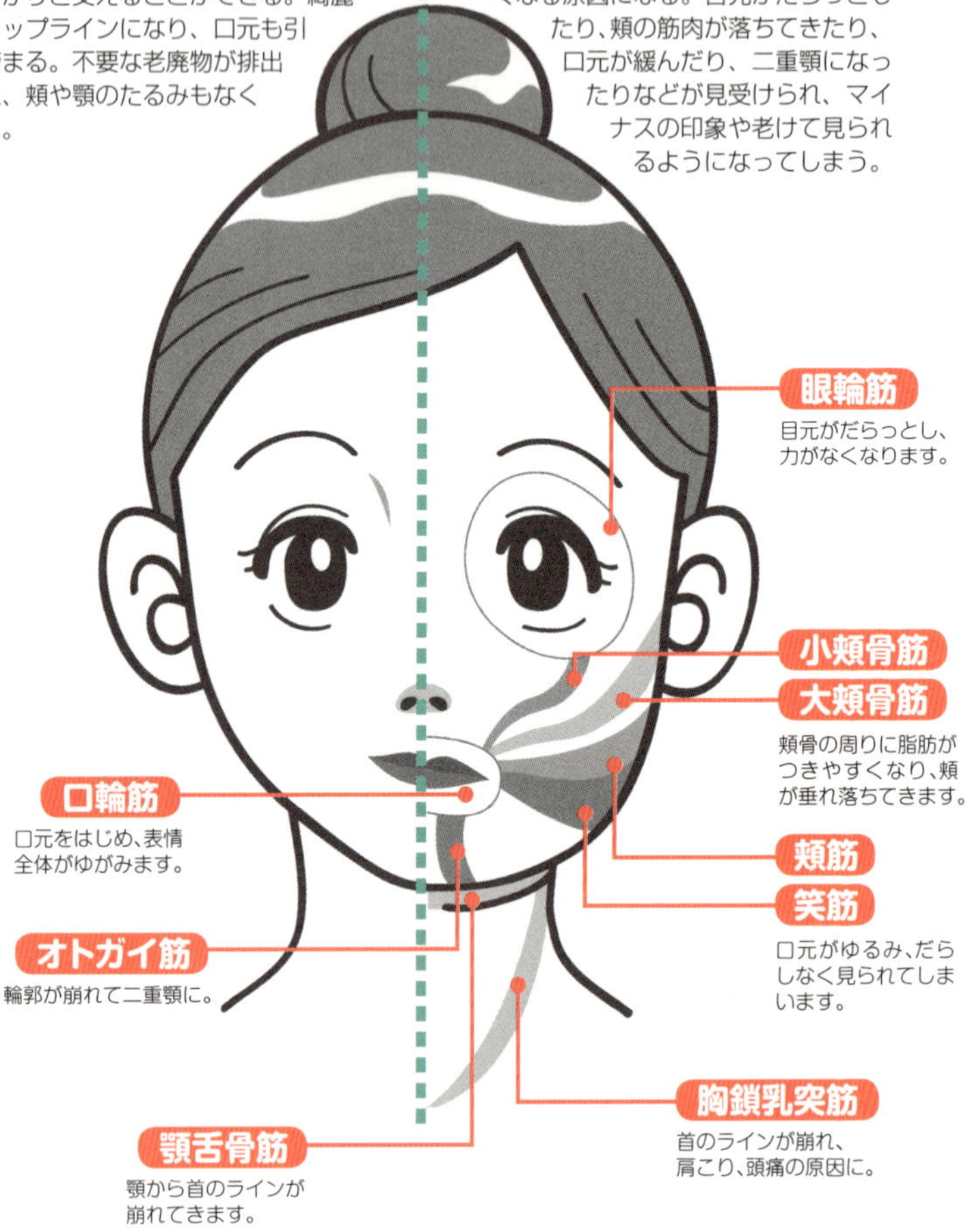

眼輪筋
目元がだらっとし、力がなくなります。
小頬骨筋
大頬骨筋
頬骨の周りに脂肪がつきやすくなり、頬が垂れ落ちてきます。
口輪筋
口元をはじめ、表情全体がゆがみます。
頬筋
笑筋
口元がゆるみ、だらしなく見られてしまいます。
オトガイ筋
輪郭が崩れて二重顎に。
胸鎖乳突筋
首のラインが崩れ、肩こり、頭痛の原因に。
顎舌骨筋
顎から首のラインが崩れてきます。

表情筋が低下すると……

顔の外側

- 額に横しわが残る。
- 眉間に縦しわが浮き彫りになる。
- 目力がなくなる。
- 上瞼の脂肪が垂れてくる。
- 目が開かなくなる。小さくなる。
- 目尻のちりめんじわができやすくなる。
- 目の下にクマができる。
- 目と口の距離が開いてくる。
- 頬が落ちてくる。垂れ下がってくる。
- ほうれい線が深くなる。
- 口角が落ちてくる。
- 口元が緩む。
- 無意識のうちに口がぽかんと開いてしまう。
- 唇のしわが増える。
- フェイスラインが広がり、二重あごになる。
- 顔が肥大化（むくみ、たるみなど）する。
- 表情が硬直する。表情形成の際、ひきつるような感じがする。
- 無表情。

顔の内側

- 皮膚の新陳代謝の乱れ。
- コラーゲン、エラスチンの損失。
- 皮下脂肪の下垂。
- リンパ、血液の流れの悪化。
- 老廃物の蓄積。
  老廃物：代謝によってエネルギーや物質を生成する際に生じる余剰分の栄養やエネルギーの燃えかすなどの不要な物質。
- 熱産生力の低下。
- ネガティブ、マイナス思考に陥りがち。
- 脂肪燃焼効果の低下。
- ストレスの蓄積。

顔体操の効果

顔体操は、健康かつ幸福（well-being）を実現するエクササイズです。

●以下、主な顔体操の効果をまとめました。

①アンチエイジング

・血液やリンパの流れを促進　・皮膚の新陳代謝のリズムを一定に保つ。

・老廃物を排出　・脂肪燃焼効果　・皮膚の強化

・コラーゲンとエラスチンの損失予防

②脳と心の病気予防、健康増進

・神経伝達物質の調整　・神経伝達速度の改善　・ストレスの軽減

・ネガティブ、マイナス感情の排出　・自然治癒能力の回復、向上

③リラクゼーション

顔体操のリラクゼーション効果は、気持ちが良くなり、眠りについてしまうのではなく、心身から無駄な力を抜き、バランスを調え、ストレスやプレッシャーと上手に共生できるように導きます。さらに、意識がクリアな状態となり、「アルファ波」が出て、意欲や集中力が高まり、潜在能力を引き出します。

④コミュニケーション能力の向上

現代社会が求めているコミュニケーション能力とは、相手と意思疎通を十分に図り、良好な人間関係を築き上げていく中で、自分を成長させ、相手にも変化や気付き、成長を与えていくことです。しかし、表情筋が衰えていると、各パーツが本来の位置からずれてしまっているので、自分は笑顔でいるつもりでも、相手には、あまり笑っていないように見えたり、ひきつった笑顔にしかとらえられかねず、本心が相手に届かないといったコミュニケーションギャップが生じてしまいます。また、相手の話を聞く際、目がキリっとしていなかったり、ぽかんと口を開いてしまっていると、相手に悪い印象を与えかねません。そこで、日頃から顔体操を行うことで、垂れたり、下がったり、ずれている各パーツを本来の位置に戻し、表情筋を柔軟にしておくことが大切です。

●禁忌事項

・心臓や腎臓に疾患がある方。
・感染症にかかっている方。
・発熱や激しい痛みを伴うコリがある方。
・骨折や顎関節症など重度のけがを負っている方。
・傷や炎症がある方。
・飲食後1時間以内の方。
・妊娠の可能性がある方から妊娠4か月の方まで。

●注意事項

・メディカルチェックが必要な方。これまで脳血管疾患、心疾患などの大病を患った方、体調が優れない方、高齢者。
・習慣にするためには無理をしないで痛みを感じたら、すぐに止めましょう。痛みが完全に消えてから再開するようにして下さい。
※また、この顔体操は、セルフケアとして、ご自分で行うものであり、英国予防医学機関の認定証を保持していないと指導することはできません。

顔体操
はじめて
みませんか

姿勢

まず、姿勢を正します

正しい姿勢は健康と美しさの基本！

顔体操の正しい姿勢は、左記のような身体に良い姿勢を意識します。

●疲れにくい　●負担がかからない　●動きやすいこと

①まず、椅子に浅く腰を掛け、身体の力を抜き、背筋を伸ばします。手は膝の上に置きます。

②足は地面にどっしりと落とし、肩幅に広げます。

③両足の向きを前方に、臍（へそ）も正面に向けます。

④身体を横から見て、頭頂部、耳、肋骨、骨盤を一直線上に並べます。また、前から見て地面の水平ラインと両肩を結ぶラインや骨盤を結ぶラインとが平行であるかを確認します。

姿　勢

ポイント 天井からつられているイメージ。
頭と首、背骨のラインが一直線になるように。

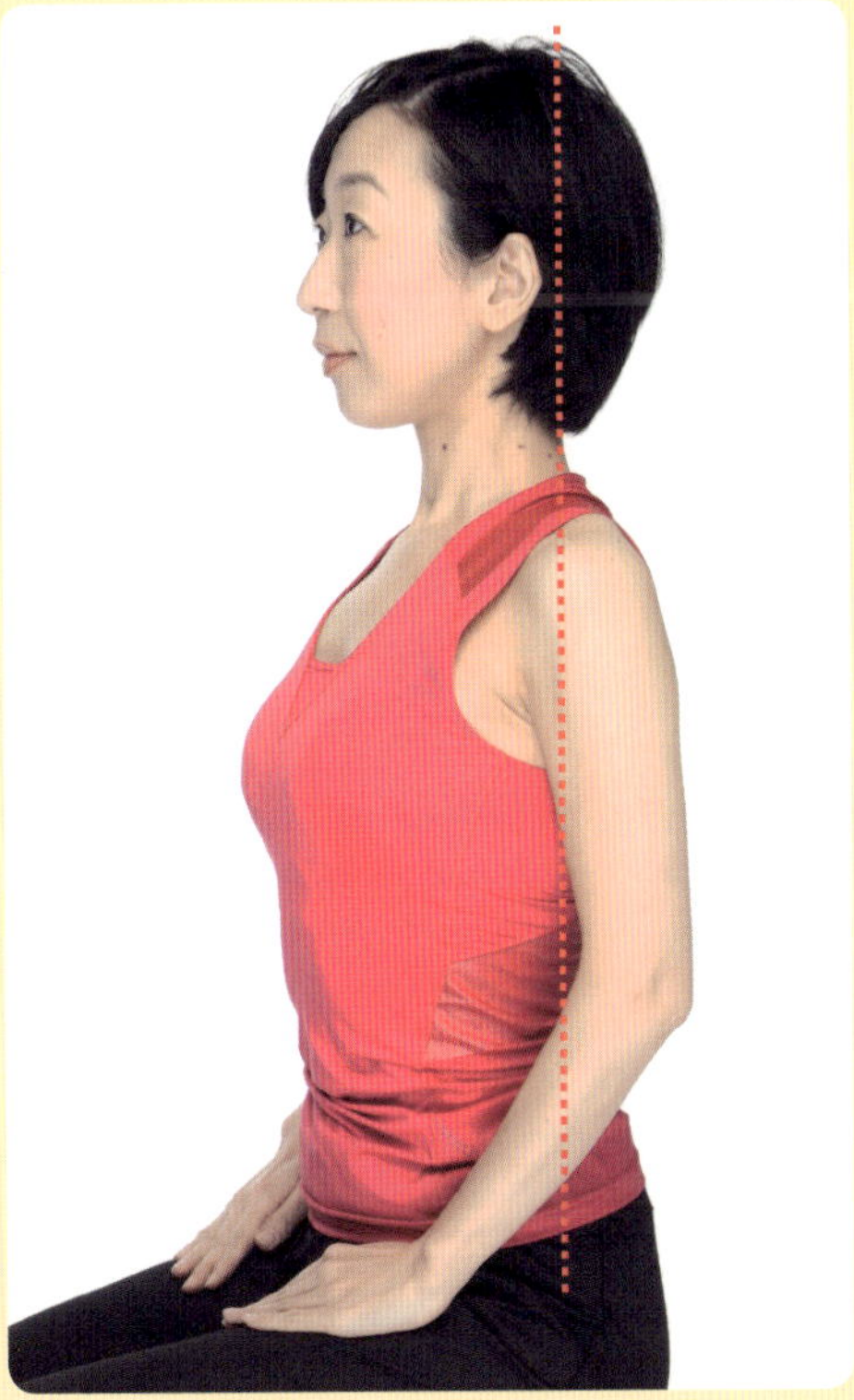

アドバイス 首筋が曲がると眠くなります。
首筋が曲がると集中力が落ちます。

呼吸

顔体操の基本呼吸は鼻から口の（丹田）腹式呼吸です。

ありとあらゆるストレスが存在する現代社会、疲労が蓄積し、心身が硬くなり、呼吸が浅くなりがちです。すると、姿勢も悪くなり、肩が丸み、顔も下向きがちで表情も乏しくなり、自信もなくなるといった悪循環に陥ってしまいます。

呼吸が浅くなると、体内の血液循環が悪くなり、脳に酸素が行き渡らなくなり、脳の働きが鈍くなります。そして、頭がボーッとしたり、頭痛、めまい、吐き気、筋肉の凝りなどが起きたり、ひどくなると、内臓・ホルモンの働きまで鈍化し身体にまで影響が及んでしまうのです。

丹田腹式呼吸には、自律神経のバランスを高める効果があります。

丹田とは？　道教の用語であり、エネルギーの中心となる場所を指します。丹田には、額にある上丹田、胸にある中丹田、臍下三寸にある下丹田があります。

日本では座禅や正座など「坐る文化」の発展とともに、現在では丹田というと、下丹田を指すことが一般的になりつつあります。

丹田を意識して行うことにより、左記のような効果があります。

まず、息を吸って横隔膜が動く時に神経電流が生まれます。この神経電流が呼吸中枢である延髄を通り、視床下部まで届き、脳幹を活性化するのです。

延髄から視床下部に辿りついた神経は、β-エンドルフィン（神経伝達物質）を分泌します。

β-エンドルフィンは、モルヒネの6・5倍もの強さを持つ強力な脳内麻薬であり、快感や幸福感を生みます。

これに理性が加わり、下層脳の欲と情動は鎮静すると考えられています。

●鼻から息を吸うとき→交感神経が働く。

●口から息を深く吐くとき（「フー」ではなく「ハァー」と吐く）→副交感神経が活動、気分をリラックスさせ、消化器官の働きを活性化させます。

腹式呼吸は、自律神経のバランスを高める効果があります。

現在、脳内の神経伝達物質は50種類以上確認されていますが、その働きまでをも確認されているのは20種類程です。特に、精神面で重要視されているのが、「ドーパミン」「ノルアドレナリン」「セロトニン」（脳の三大神経伝達物質）です。

●ドーパミン：やる気と快感を生む神経伝達物質。

●ノルアドレナリン：ストレスに反応する神経伝達物質。

いづれも過剰分泌が続くと…、

●ドーパミン：依存症、過食症など。

●ノルアドレナリン：うつ病、パニック障害など。

「ドーパミン」と「ノルアドレナリン」の過剰分泌を抑制し、程よくバランスを維持する働きをするのが「セロトニン」であり、このセロトニン神経を活性化させる原動力が「リズム性の運動」です。

つまり、意識してリズミカルに腹筋を動かすという点が非常に重要なポイントで、大脳を効果的に刺激し、セロトニンを活性化します。

無意識のうちに「脳の癖」が蓄積されている脳幹の延髄や視床下部は、自分の意思でコントロールできません。

しかし、丹田複式呼吸こそは、自分の意思でコントロールすることが可能です。

つまり、丹田腹式呼吸によって、延髄にある呼吸中枢を活性化し、心のバランス・心の中庸（程良さ）を保つことができるのです。

※床や畳の上に座って行うときの足は、あぐらをかくなどリラックスした楽な座り方で結構です。

呼　吸

アドバイス

イライラしているときも、
呼吸を深くすると気持が
落ち着きます。

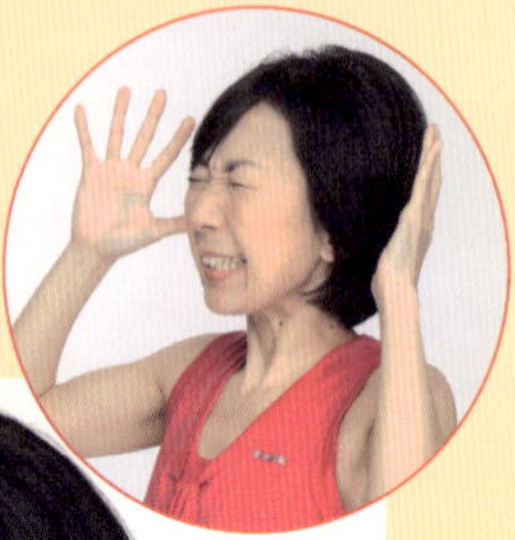

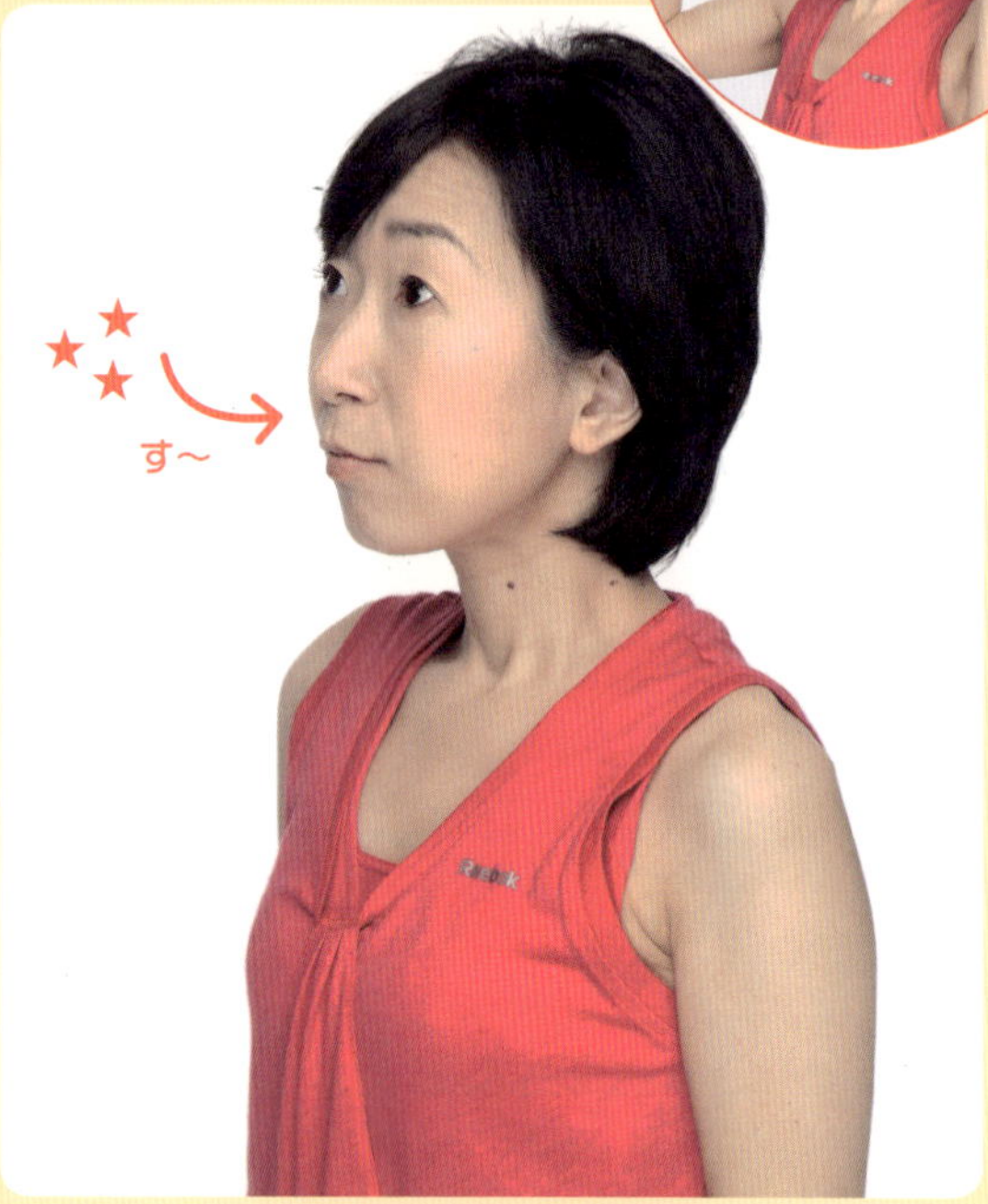

ポイント

●息を鼻から吸って鼻腔に吸い上げ、身体全体に送るイメージ。可能な限り、その息をお腹にためて膨らます。

呼　吸

アドバイス

お腹を凹めるときは、
丹田を背骨につけるイメージで行います。

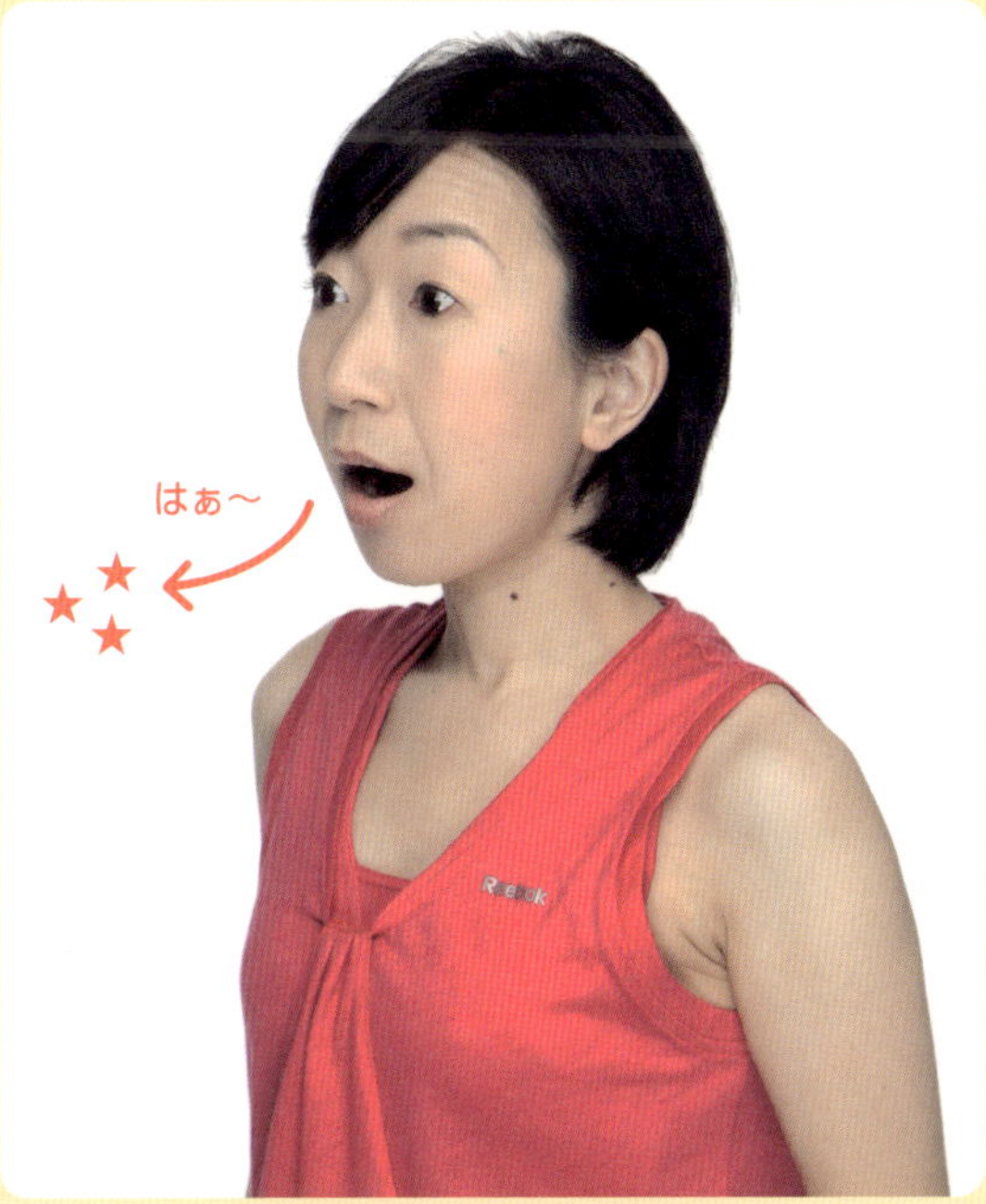

ポイント

●口から吐くときは、心身にたまっているストレスや負の感情などを「はぁー」と全て出しきるようなイメージで行うとよいでしょう。

瞑想

静かに目を閉じて、何も考えず心を最適化すること。

（顔体操終了後に5分間行います。）

瞑想の効果は、次の通りです。

①心身のリラックス、ストレス解消、心の安らぎを得ることができます。

②本来の自分を取り戻すことができます。

③自分自身の魂という内的世界と、現実社会という外的世界との両方に適応力を高めます。

④豊かなイメージが湧き、想像力・創造力を活性化します。

⑤欲望が浄化され、精神面が豊かになることで、心の飢えを満たします。

⑥如何なる時でも、平常心で、冷静な判断、行動ができます。

⑦肉体面では、酸素消費量の減少、心臓の血液流量の減少、心拍数の減少。

⑧心臓病、高血圧、心身症、神経症などの生活習慣病や慢性病に効果があります。

瞑　想

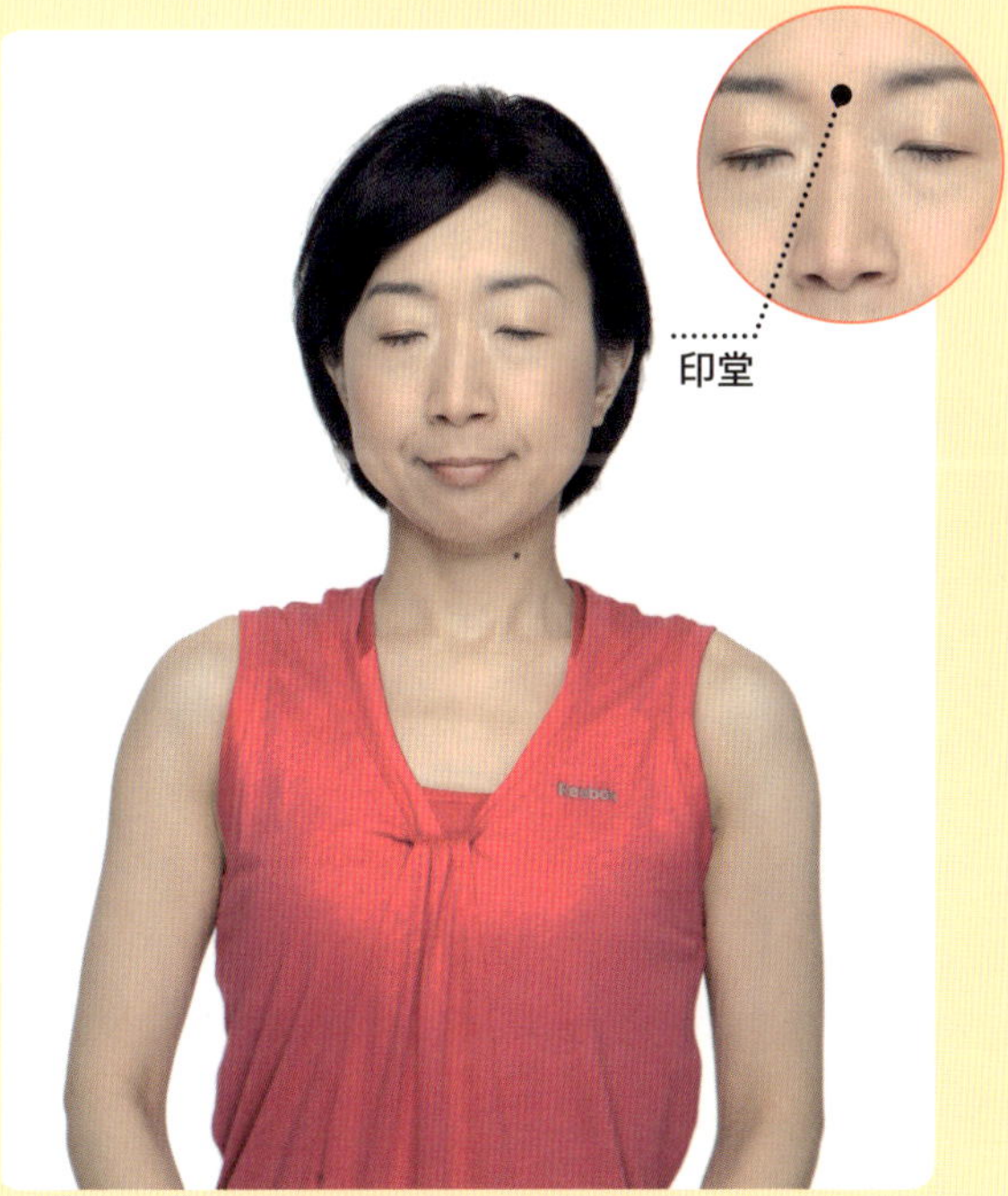

1. 目線を自分の鼻先を追いかけるように斜め下に降ろし、ゆっくり瞼を閉じます。
2. 目線を印堂に注ぎ、無心で集中します。

アドバイス

「印堂」は古来より中国ではプラスのエネルギーの宿る場所とされてきました。また、ヨガ（インド）では印堂を第6チャクラと「第三の目」とも呼んでいます。印堂は、豊かな感情、ひらめき、直感力、創造力、芸術性を司る場所とされています。

準備体操

両肩を前後に回す。5回ずつ行う。

1

肩を上げるときに
鼻から息を吸う。

2

肩を下げるときに
口から息を吐く。

5セット

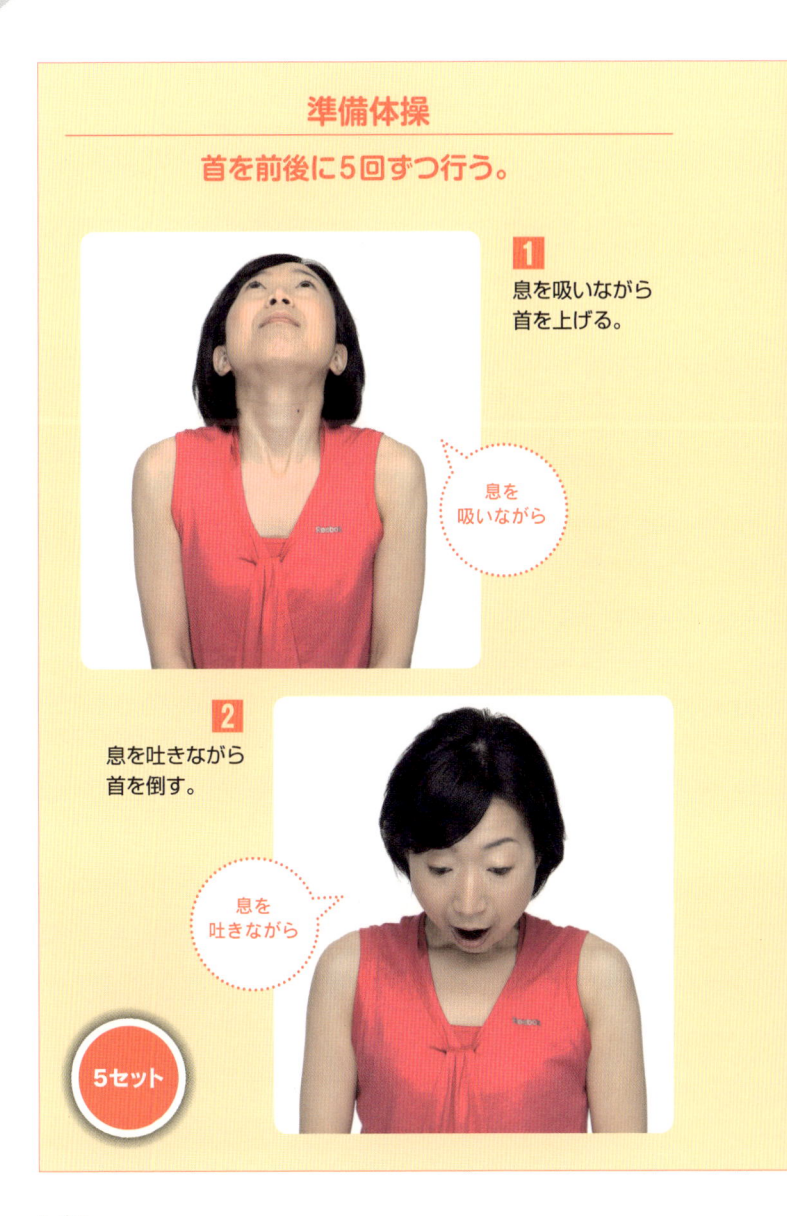

準備体操

首を前後に5回ずつ行う。

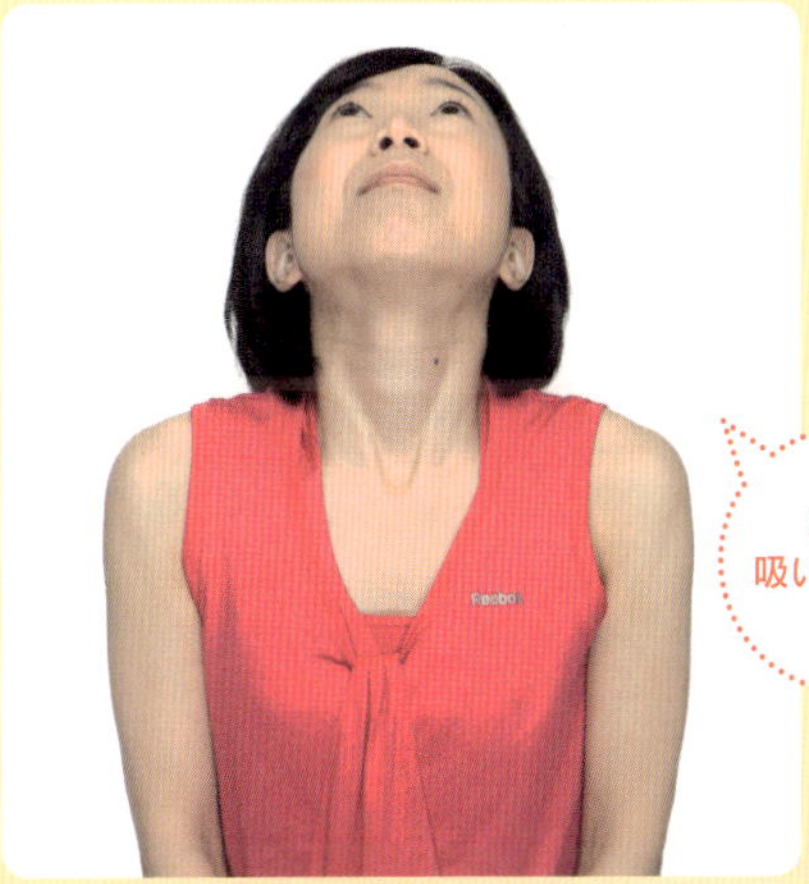

1

息を吸いながら
首を上げる。

2

息を吐きながら
首を倒す。

5セット

準備体操

首を左右に5回ずつ倒す。

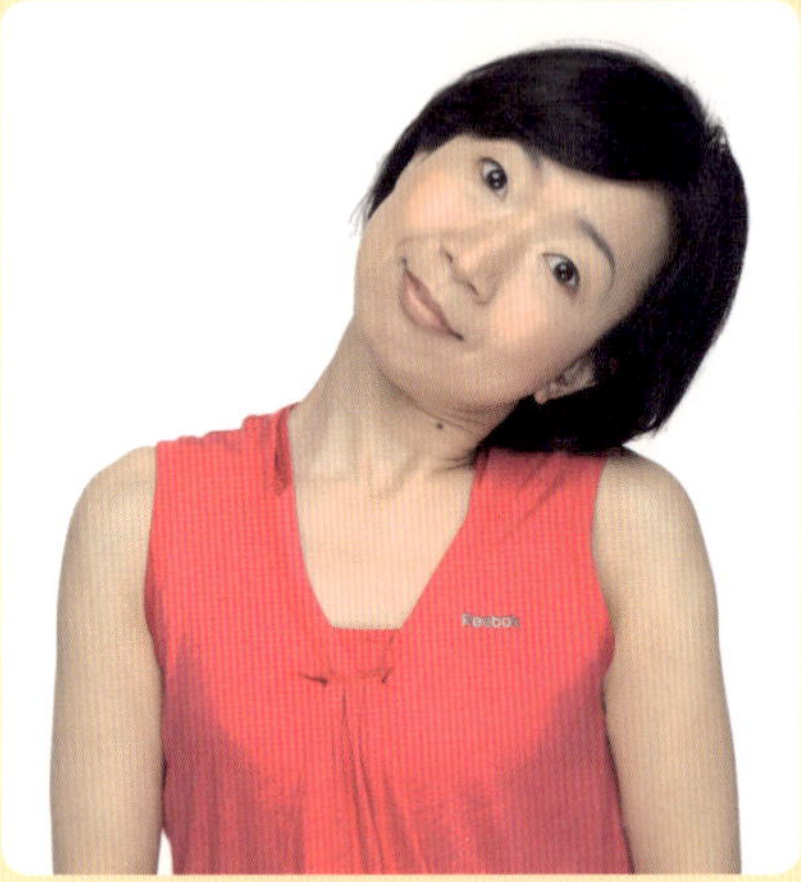

1

息を吐きながら左に首を倒す。息を吸いながら顔を正面に戻す。

2

息を吐きながら右に首を倒す。息を吸いながら顔を正面に戻す。

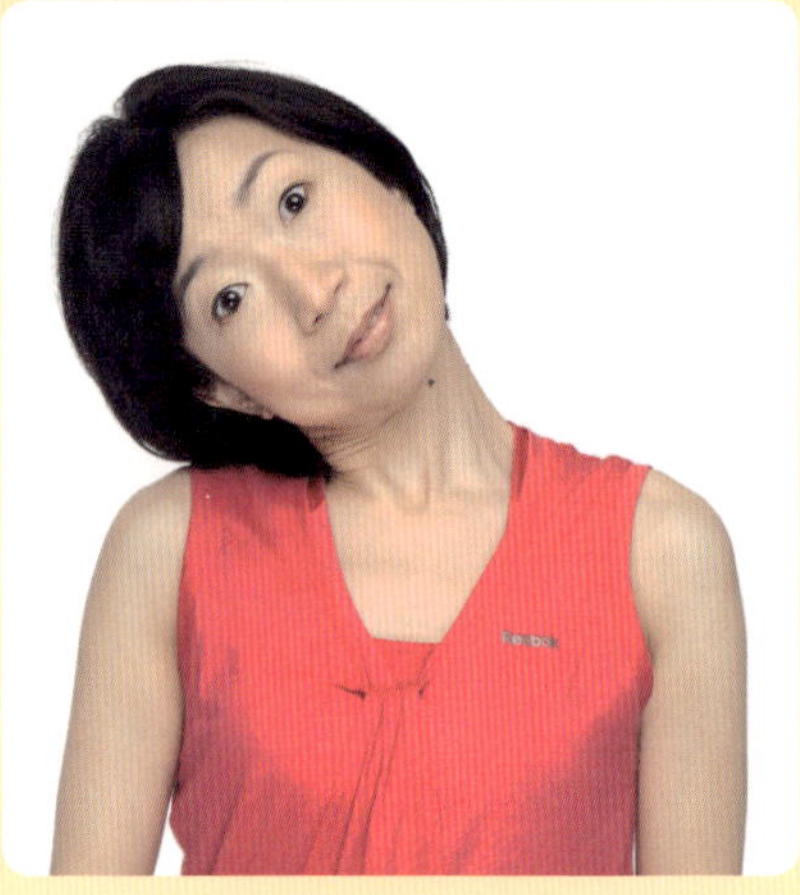

5セット

準備体操

両肩を8カウントで両耳につけるように持ち上げ、5回行う。ゆっくり脱力して、肩を落とす。

1 息を吸いながら両肩を8カウントで両耳につける。

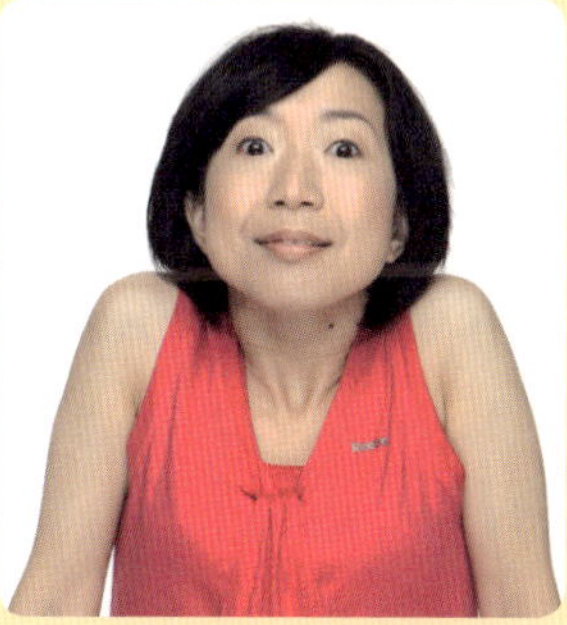

2 息を吐きながらゆっくり脱力して肩を落とす。

5セット

ここからは、皆さんのエクササイズを実践していきます。

P16～17の「あなたはどのエクササイズが必要か」で自己診断したコースにお進み下さい。

- フェイス指圧……………………………P38
- 表情筋トレーニング…………………P50
- フェイスヨガ……………………………P66
- フェイスリフトマッサージ………P82

フェイス指圧（顔ツボ）

ツボに刺激を与えて、自律神経の働きを促進する

●顔のツボ

ツボの場所は神経や血管が集中しており、肌の電気抵抗にも変化があることなどが確認されています。

つまり、ツボに刺激を与えると、脊髄や中枢神経を通り、抹消神経へと伝わります。そして、自律神経の働きが整えられ、血液やリンパの流れが良くなり、ホルモンの分泌がスムーズになります。すると、筋肉がほぐれ、心が中庸に保たれます。また、血行が良くなると、蓄積しているしつこい老廃物が排出され、むくみやたるみがなくなり、顔がスッキリ小さくなったり、シミやクマ・くすみなども解消され、肌の色も明るくなり、潤いとハリが回復します。

圧のかけ方のポイントは（詳しくは次頁で図示しますが）「気持ち良い痛さ（痛気持ちいい）」です。特に、入浴中やお風呂上がり、就寝1時間前までに行うことをお薦めしています。入浴中やお風呂上がりは、新陳代謝が高まり、肌が再生する力が強まっていますので、より一層の効果があります。**また、お風呂上がりに、化粧水や乳液、美容液（美容オイル）などで充分にケアをした後に行うと、それらの浸透力も高まります。**

また、指圧方法の注意として、すぐに効果を実感したいとか疲労困憊状態のときほど、強く圧をかけたくなりますが、逆効果です。顔の皮膚が、その大きな刺激から守ろうと抵抗します。これに対抗し、より圧を強くすると皮膚を傷つけかねません。さらに、症状を悪化、大きな損傷をも引き起こしかねませんので、指圧方法につきましては、必ず、後述する方法を守って下さい。

顔ツボ 指圧方法（押し方）

1 息を吐きながら、ゆっくり軽く持ち上げるように押す（ここでは人差し指を使用）。

痛気持ち
いい

アドバイス 身体の力が抜け、刺激が入りやすくなります。急に力を入れると、筋肉が緊張して刺激が伝わりづらくなります。

2 息を吸いながら、ゆっくり緩める。

ゆっくり
緩める

アドバイス 皮膚から指を離す前に、まず力を抜いてから徐々に離していきましょう。

ポイント 使用する指

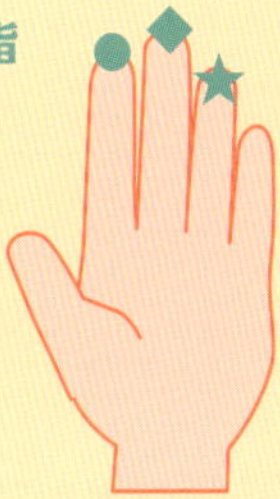

●強　　め：人差し指（基本）
痛気持ちいい

◆中くらい：中　指
人差し指と薬指の中位の圧で

★弱　　め：薬　指
さわるくらい、あてるくらい

※指圧前のご自分の体調や
具合で判断してください。

基本プログラムで使用する顔ツボ　各名称

1	額　中【がくちゅう】
2	印　堂【いんどう】
3	山　根【さんこん】
4	素　髎【そりょう】
5	人　中【じんちゅう】
6	鼻　流【びりゅう】
7	迎　香【げいこう】
8	鼻　通【びつう】
9	睛　明【せいめい】
10	承　泣【しょうきゅう】
11	瞳子髎(魚尾)【どうしりょう(ぎょび)】
12	太陽【たいよう】
13	絲竹空【しちくくう】
14	魚　腰【ぎょよう】
15	攅　竹【さんちく】
16	陽　白【ようはく】
17	頭　維【ずい】

顔ツボ各位置と指圧する順番

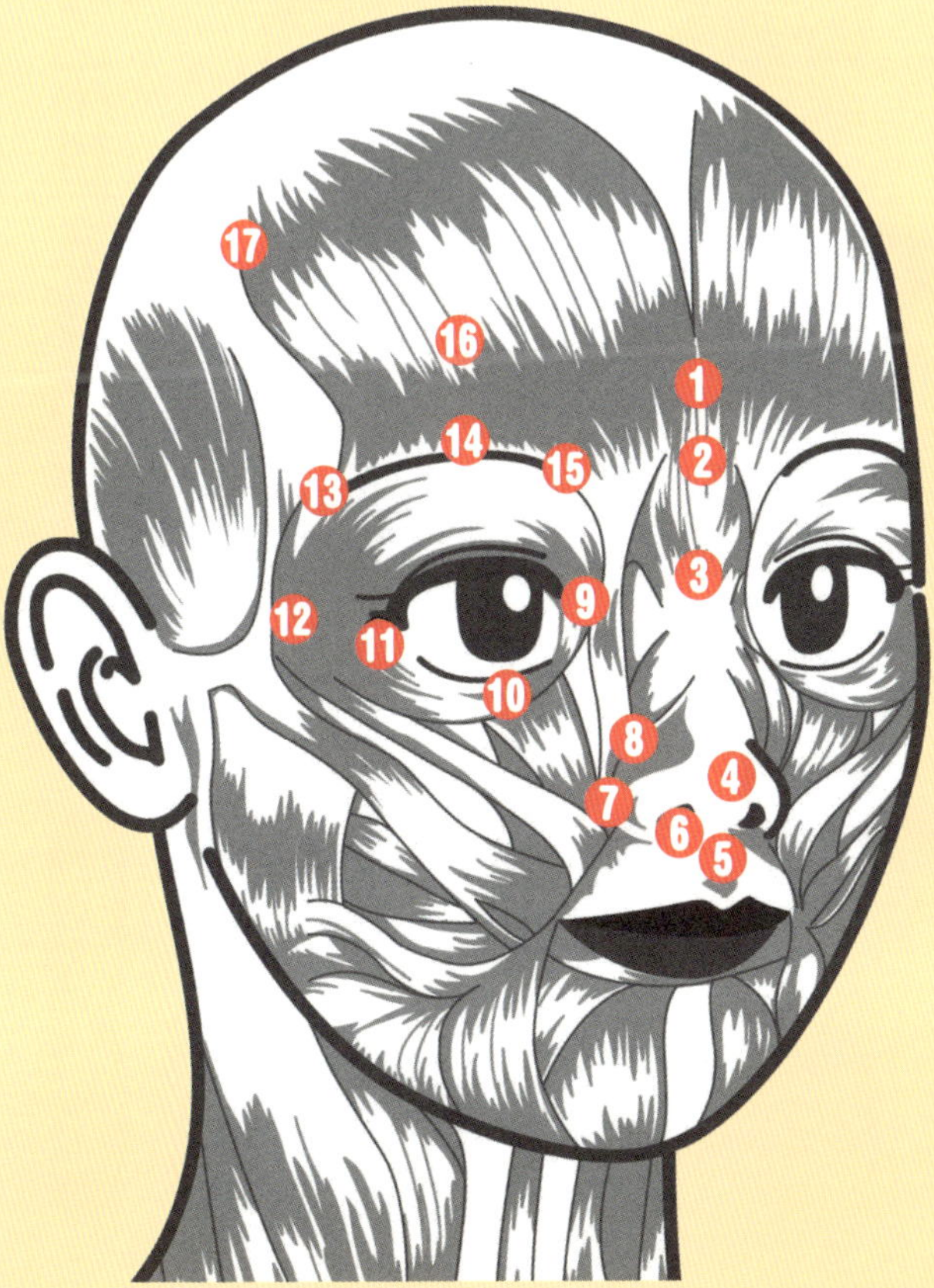

顔ツボ基本プログラム①

美顔、リラクゼーションを実現します。

額中〜鼻流

息を吸う　　息を吐く

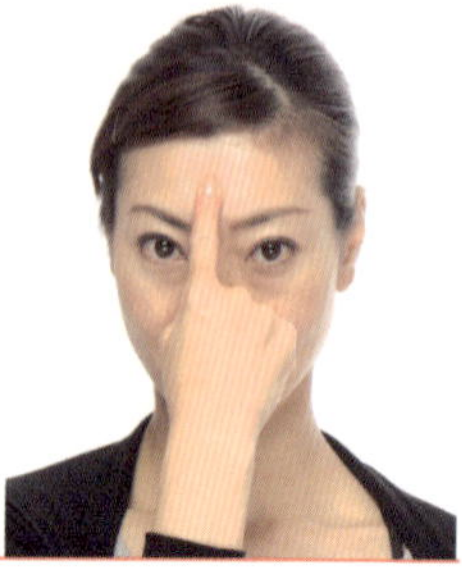

額中❶

額中❷

印堂❶

印堂❷

山根❶

山根❷

★右記の順に、各フェイスポイントに人差し指を置き、息を吸って準備をする。

●ゆっくり目を閉じながら息を吐き、6秒間圧を加える。さらに息を吸いながらゆっくり緩める。

これを各フェイスポイント×3セット行う。

美顔、リラクゼーションを実現します。

顔ツボ基本プログラム②

迎香～太陽

息を吸う	息を吐く

迎香❶	迎香❷
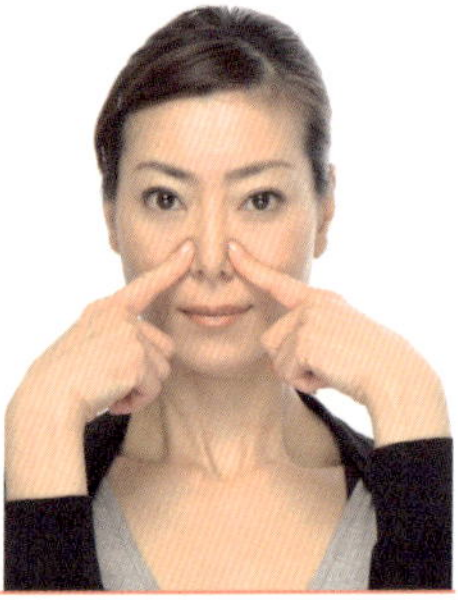	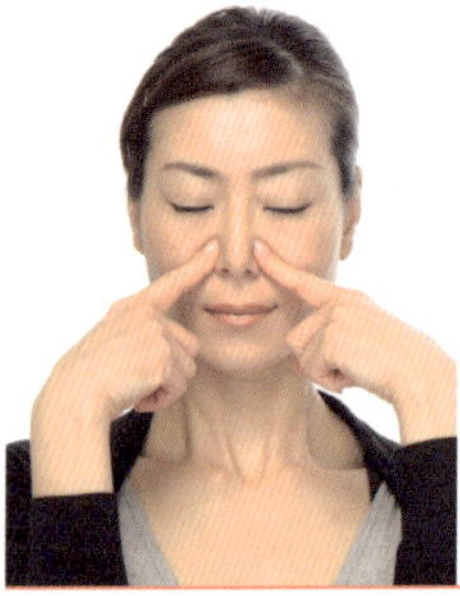
鼻通❶	鼻通❷

清明❶	清明❷

息を吸う

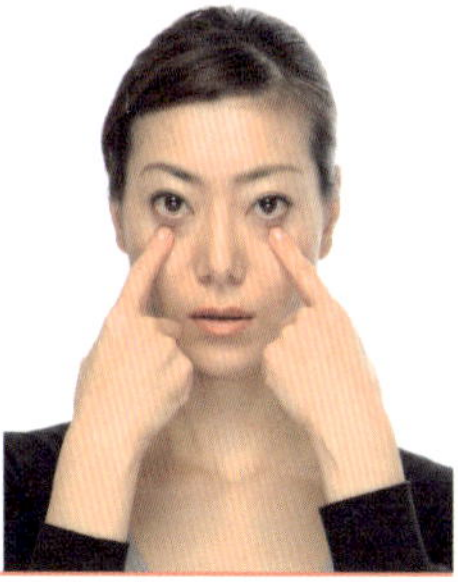

承泣❶

息を吐く

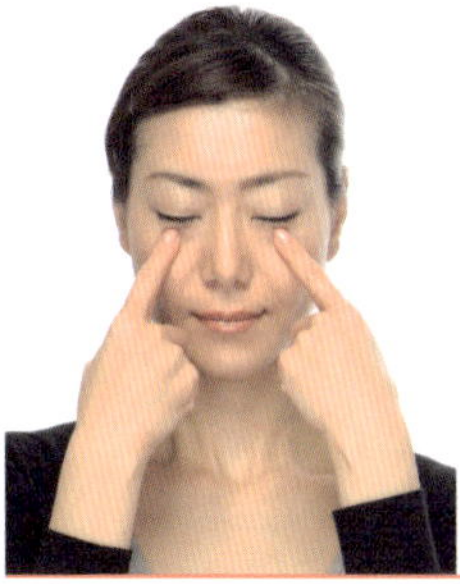

承泣❷

瞳子髎❶

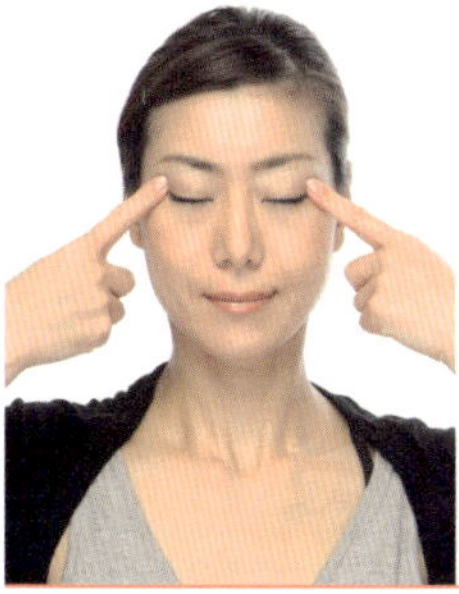

瞳子髎❷

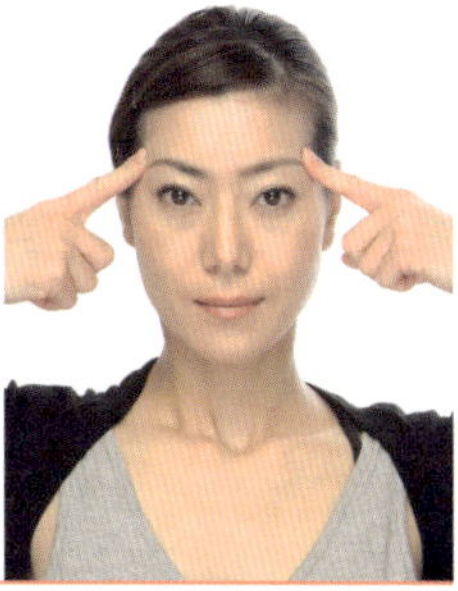

太陽❶

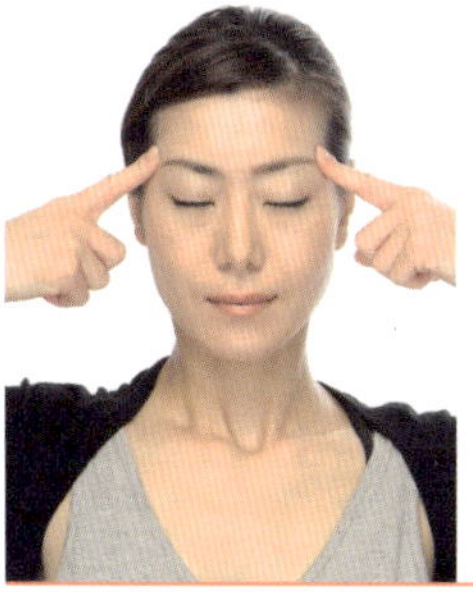

太陽❷

★右記の順に、各フェイスポイントに人差し指を置き、息を吸って準備をする。

●ゆっくり目を閉じながら息を吐き、６秒間圧を加える。さらに息を吸いながらゆっくり緩める。

これを各フェイスポイント×３セット行う。

美顔、リラクゼーションを実現します。

顔ツボ基本プログラム③

絲竹空～頭維

息を吸う

息を吐く

絲竹空❶

絲竹空❷

魚腰❶

魚腰❷

攢竹❶

攢竹❷

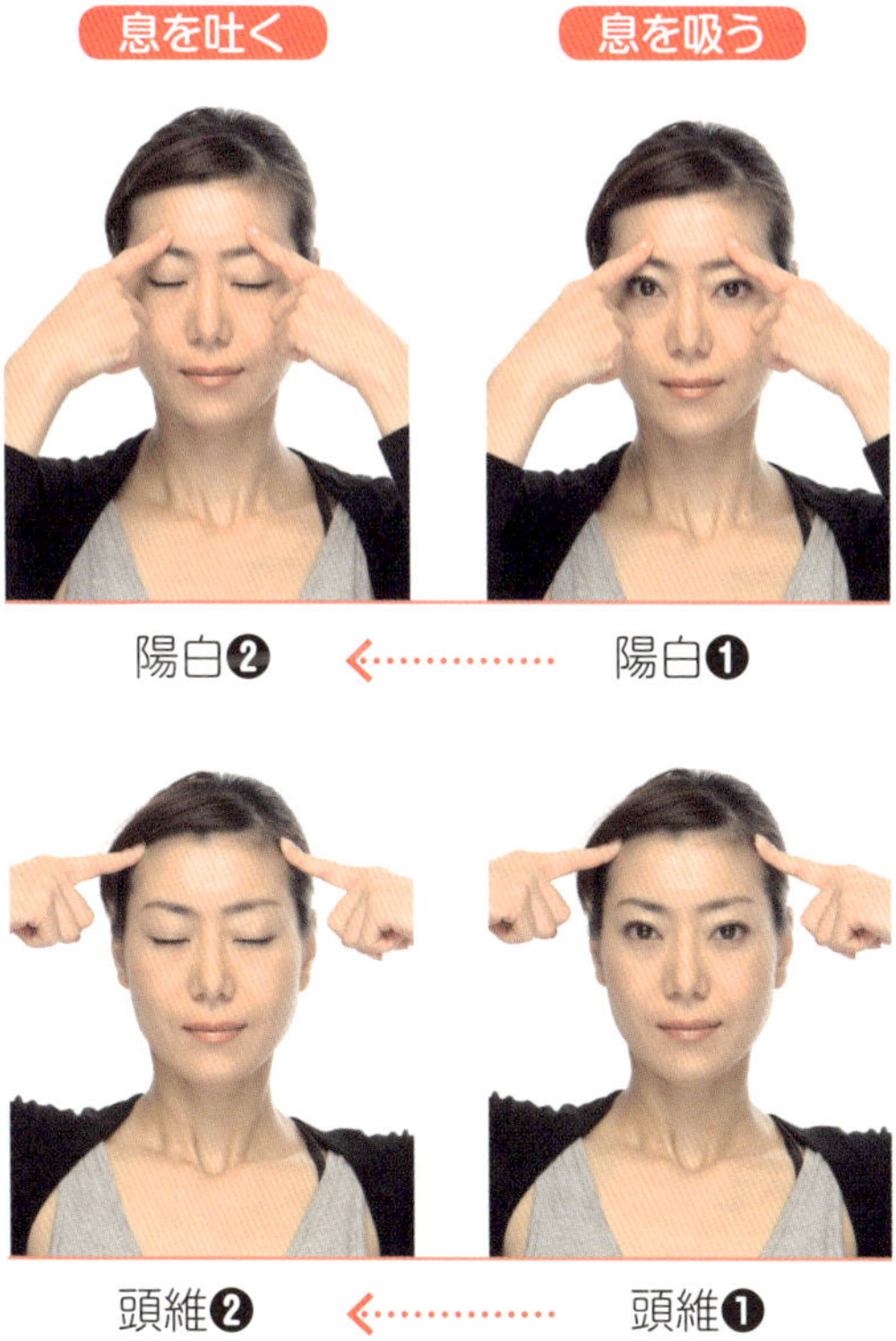

★右記の順に、各フェイスポイントに人差し指を置き、息を吸って準備をする。

●ゆっくり目を閉じながら息を吐き、6秒間圧を加える。さらに息を吸いながらゆっくり緩める。

これを各フェイスポイント×3セット行う。

表情筋トレーニング

皮膚を支える土台をしっかりさせ、表情力をつけましょう

私たちの顔は、生まれ持った遺伝的・先天的要因と後天的・環境的要因によって、顔つきは変わります。**顔は自分で変えることはできませんが、表情はいくらでも自分の力でイメージする表情に変えることが可能です。**頭頸部には57種類の筋肉が存在します。それらの筋肉を表情筋といいます。これほど多くの筋肉があるにも関わらず、私たちは、日常生活において、20〜30％ほどしか使用していません。何もしなければ表情筋は20歳を過ぎる頃から衰え、30歳代から気になり始め、40歳代からは顕著に衰えが目に見え始めるといわれています。表情筋は皮膚を支えている土台です。

表情筋が衰えてしまうと、各パーツの位置がずれたり、動かしていない表情筋が硬まってし

まうので、不自然な表情になってしまいます。また、ストレスやプレッシャーを上手にコントロールできず、良いエネルギーに変えることができなかったら、メンタルバランスは乱れ、表情筋が委縮してしまい、左右の顔がアンバランスになります。すると、相手に確実に思いが届かなくなることも起こり得ます。このような状態が続くと、人間関係の悪化に発展しかねません。

私たちは泣き顔で、この世に産まれてきました。最期を迎えるときには、自分らしい最高の笑顔で旅立ちたいですよね。だからこそ、**表情に自信をもって、人生の価値を高めて神様があなたに与えたこの世に生きる使命を全うして頂きたいのです。**にこやかな表情で人に接するという言葉に「顔施（がんせ）」という言葉があります。この顔施の表情こそ、ある程度の表情筋がないと形成することができません。正しく動かして**良い筋肉をつけると、皮膚が柔らかくしなやかに動き、メリハリがつきます。そして、感情が生じ、表情形成に至る際、ぐいっと力が入り、引き締まった表情を成せる**のです。

これから、お伝えする表情筋トレーニングは、表情筋だけ動かしていくものではございません。呼吸・瞑想を一緒にリズミカルに行うことで、自律神経・交感神経のバランスを高めて、腹式呼吸でしかコントロールできない潜在意識までをも引き出します。

普段、私たちの表情を成すのに働いている主な表情筋

❶前頭筋（ぜんとうきん）　額の筋肉。筋繊維は縦方向に並んでいる。

❷皺眉筋（しゅうびきん・すうびきん）　眉頭の上にある筋肉。

❸眼輪筋（がんりんきん）　目の周りを囲んだ薄い筋肉で、目を開けたり閉じたりする。

❹上眼瞼挙筋（じょうがんけんきょきん）　驚いたときや力が入ったときに上がる上瞼の筋肉。

❺下眼瞼挙筋（かがんけんきょきん）　驚きや恐怖の感情が生じたときに下瞼を下げる筋肉。

❻上唇挙筋（じょうぜつきょきん）　鼻翼と上唇を引き上げる。

❼小頬骨筋（しょうきょうこつきん）　上唇を上方と後方に引き上げる笑顔には欠かせない筋肉。

❽大頬骨筋（だいきょうこつきん）　「ワッハッハッハ」と大きな口を開けるときに口角を上方と外側に引き上げる筋肉。

❾頬筋（きょうきん）　口角を外側に引いたり、斜め上に持ち上げる。微笑みには欠かせない。衰えると、口元がたるむ、緩む。

❿笑筋（しょうきん）　口元を平行に引いて横長にする。チャーミングな笑窪を作る。弾力を失うと、口元がだらしなく見える。

⓫咬筋（こうきん）　咀嚼筋とも呼ばれている。ものを咬むときに、下顎を挙上する。

⓬口輪筋（こうりんきん）　唇を閉じたり、尖らせたりする。口元の微妙な表情を演出。

⓭下唇下制筋（かしんかせいきん）　話をするとき、下唇を引き下げる。

⓮口角下制筋（こうかくかせいきん）　三角筋とも呼ばれている。笑顔の反対の表情を成す（すねる、軽蔑、不快など気分がパッとしないなど）。

⓯オトガイ筋（おとがいきん）　顎先に皺を寄せて、コブのような膨らみを作り隆起させる。衰えると、二重顎になる。

⓰胸鎖乳突筋（きょうさにゅうとつきん）　顔を支えている。頭と身体を繋ぐ大切な役割を果たしている。頭部を曲げたり、回転させる。

⓱広頚筋（こうけいきん）　口角を下方に引く。頚部や胸部にシワを作る。

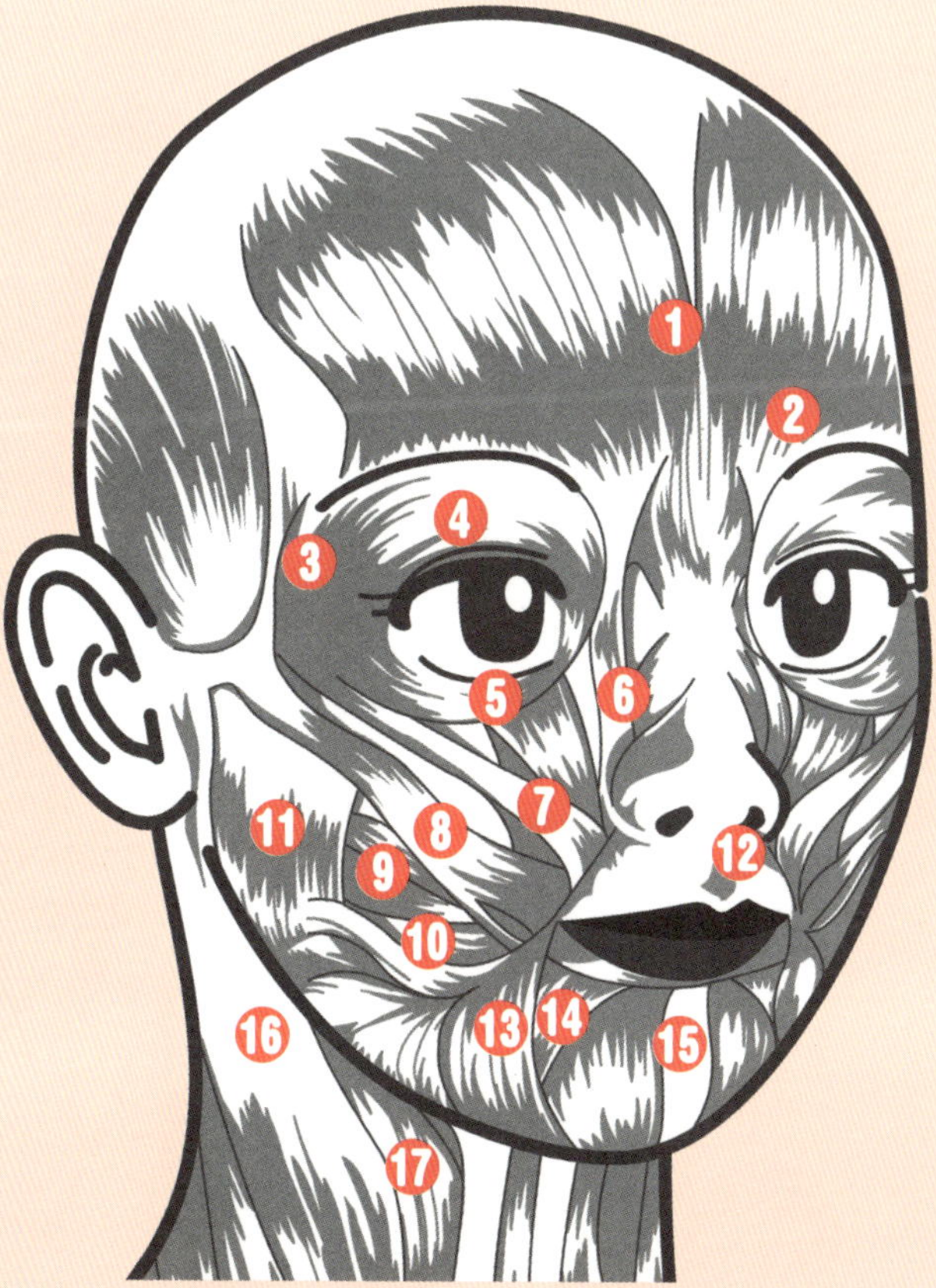
1
2
3
4
5
6
7
8
9
10
11
12
13
14
15
16
17

Step 1

顔全体を満遍なくストレッチ

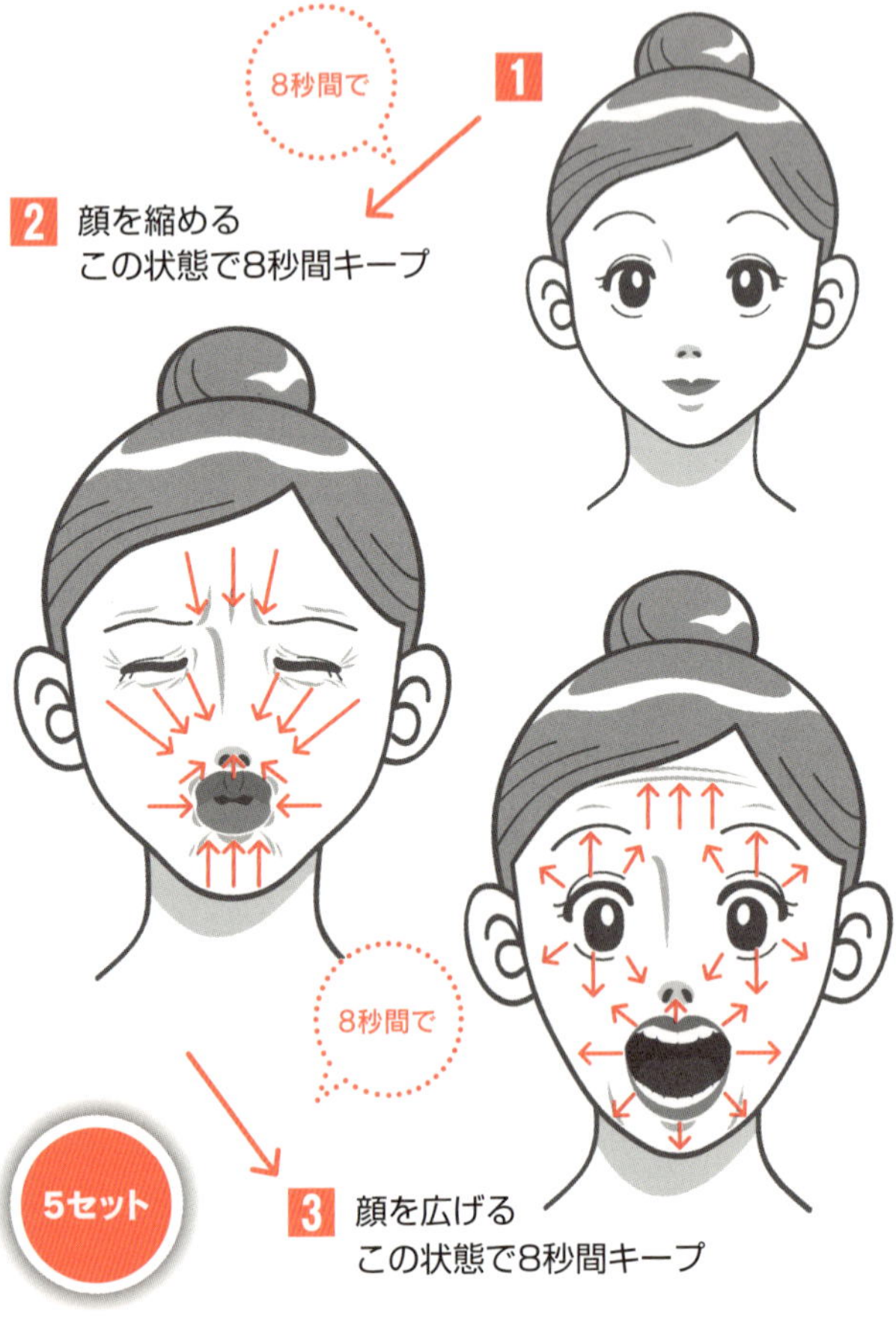
1
8秒間で
2 顔を縮める
この状態で8秒間キープ
8秒間で
5セット
3 顔を広げる
この状態で8秒間キープ

顔全体を８秒間かけて、ゆっくりと縮めていく。その状態で８秒間キープ。次に８秒間かけて、ゆっくり大きく広げていく。その状態で８秒間キープ。5セット行う。P14と同じ。

Step 2

4本指を使ってフェイスラインをマッサージ

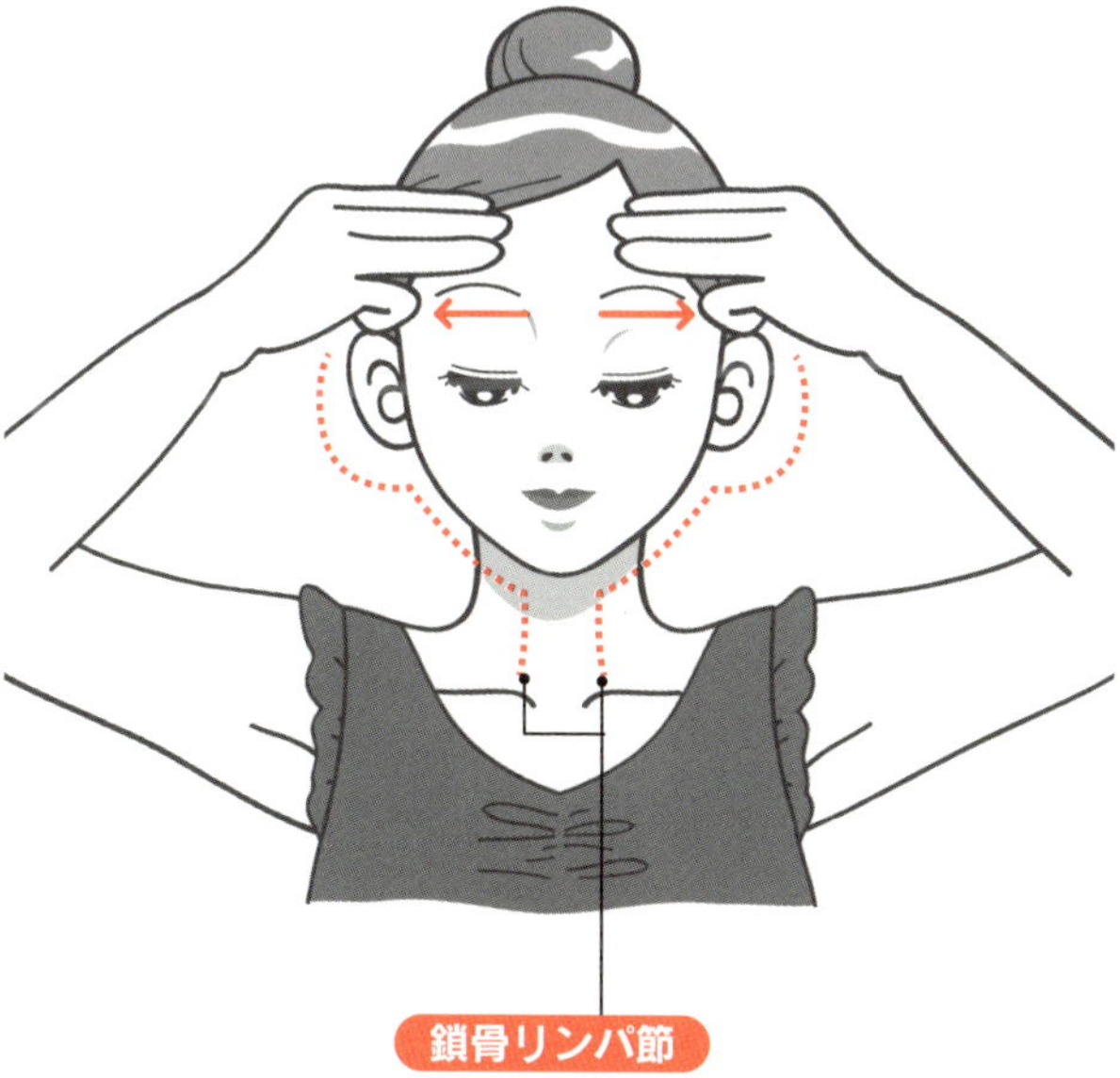

全身を流れたリンパ液が鎖骨下静脈と合流して最後に心臓に戻るときに流れ込む場所。このリンパの流れが滞ると、顔や腕がむくみ、肩や首の凝りなどの症状が出ます。身体中の老廃物がここに集められます。

10セット

親指以外の４本の指で、イラストのように額をさすり額から耳の後ろを通り、鎖骨リンパ節までマッサージ。圧は指の腹と皮膚に泡を挟む感覚で。10セット行う。

Step3

目のまわりの筋肉を動かしていきましょう!

1 視線を下にして上瞼を持ち上げる

5セット

2 視線を上にして下瞼を引き下げる

人指し指と中指で上瞼を持ち上げ、視線は下に落とす。8秒間キープ。次に、下瞼を引き下げて、視線は上に向ける。8秒間キープ。5セット行う。

Step4

口角あがりますか?

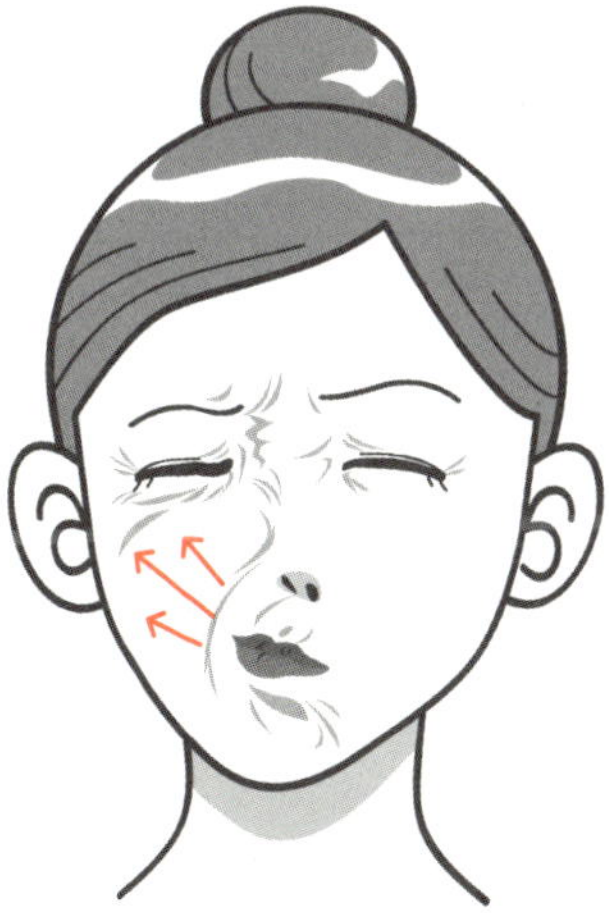

1 口を突き出し、
右上に

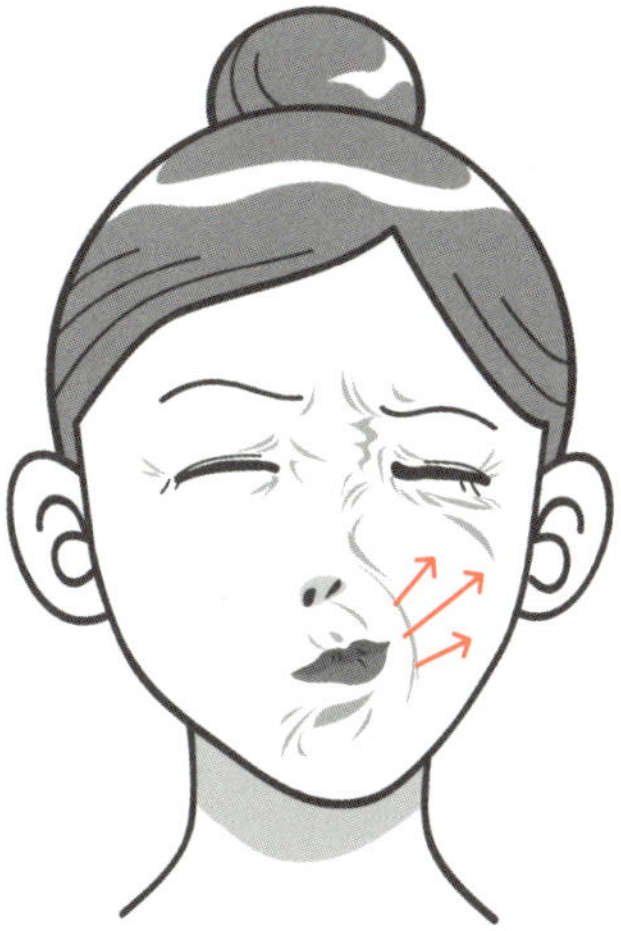

2 口を突き出し、
左上に

5セット

口を突き出す（上下の唇を意識する）。頬を持ち上げ、口角を左右に上げる。5セット行う。

Step5

唇を花びらのようにイメージして、しっかりと花を咲かせましょう

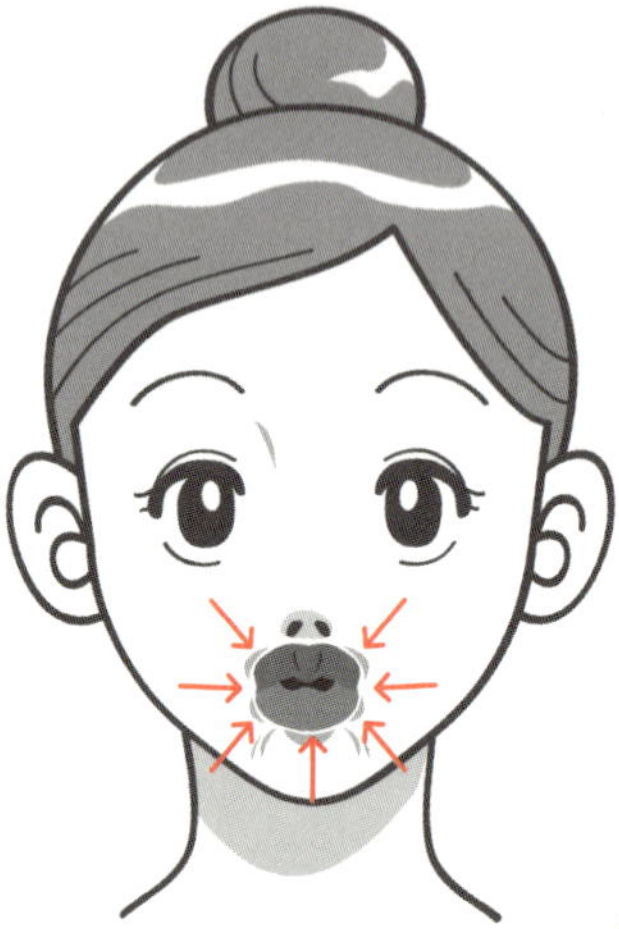

1 口を突き出す

2 唇をしまう

5セット

口を突き出す（上下唇を意識する）。そして、唇をしまう。
これを5セット行う。

Step6

顎と首の筋肉を強化しましょう

1 舌を出す

2 舌をしまう

5セット

舌を出す（引っ張られるイメージで思いきり出す）。しまう。
５セット行う。

Step 7

舌の付け根を意識して ゆーっくり回しますよ！

5セット

口の中で舌を回す

口の中で、皮膚をさわるように舌を左右に回す。
5 セット行う。

Step8

大きく口を動かし、
頬から口、顎、首の筋肉のトレーニング

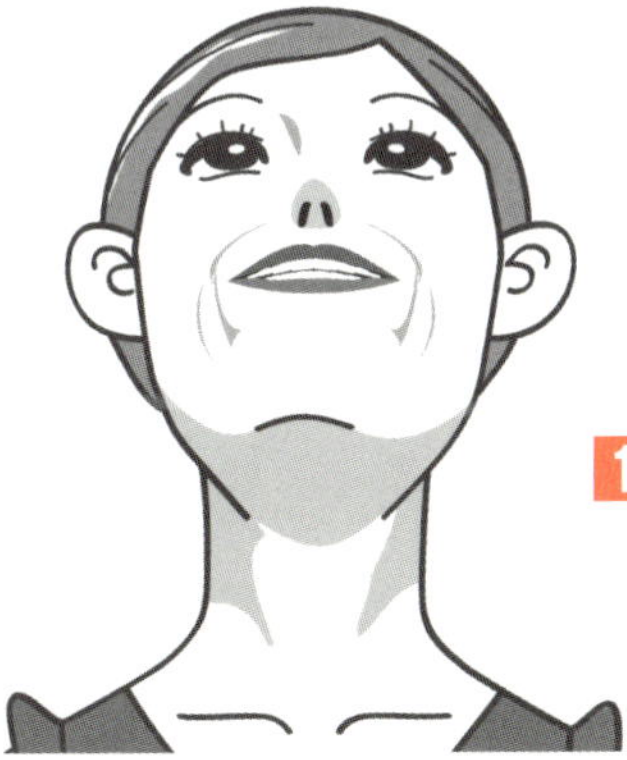

1 上を向いて「イ」～

2 上を向いて「ウ」～

5セット

上を向いて、口を大きく開いて「イ」「ウ」と交互に言う。
5セット行う。

Step 9

最初に戻る。顔全体を満遍なくストレッチ

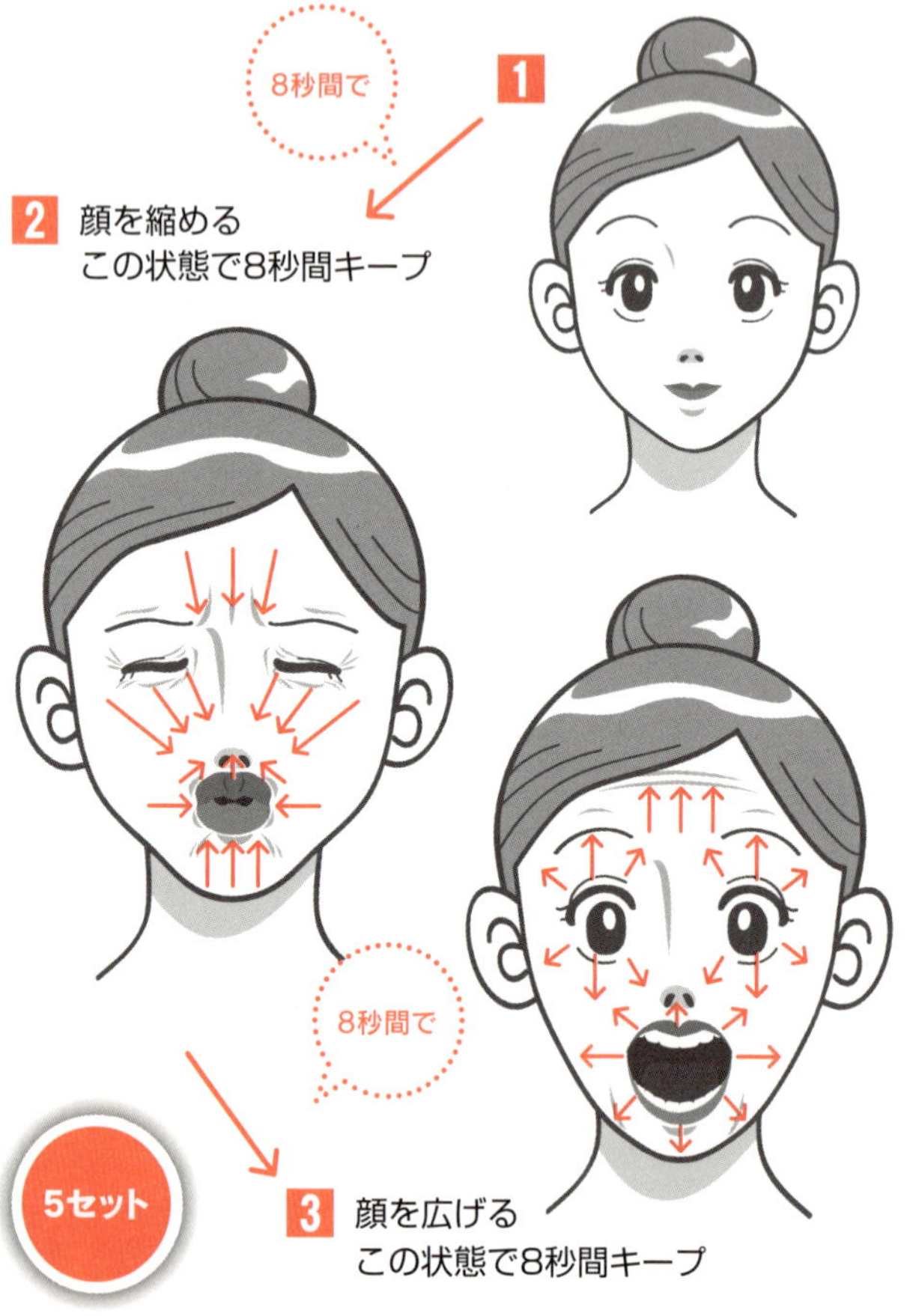
8秒間で
1
2 顔を縮める
この状態で8秒間キープ
8秒間で
5セット
3 顔を広げる
この状態で8秒間キープ

最初に戻って1を繰り返す。顔全体を8秒間かけて、ゆっくりと縮めていく。その状態で8秒間キープ。次に8秒間かけて、ゆっくり大きく広げていく。その状態で8秒間キープ。5セット行う。

表情筋を意識してしっかり動かしてみていかがでしたか?

優しく両手を頬に当ててみてください。ポカポカ温かくなっていませんか?これが、しっかり表情筋を動かすことができた証拠です。最初は思うように動かないかもしれません。といいますより、初めてですので動かなくて当然です。全く動かないという方は、軽く手を添えてトレーニングを続けて下さい。1週間に6日行って下さい。それぞれの表情筋の位置を意識し、気付き、動かそうとすることが大切です。

フェイスヨガ

日常生活で使っていない筋肉に働きかけ、表情筋をほぐし柔軟にします

顔専門に行うヨガのことです。

表情筋トレーニングとの違いは、表情筋を鍛えるのではなく、普段、使っていない表情筋を動かし、リンパに刺激を与え、血液の流れを良くし、新陳代謝を促進させることで、老廃物が蓄積し、動かし方を忘れて硬くなっている筋肉や皮膚を柔らかくし、たるみやくすみを改善、美肌を実現する体操です。また、通常、老廃物は腎臓でろ過され、不要なものは尿として排出されますが、表情筋が衰えると、硬くなっている筋肉とともに顔に停滞し蓄積してしまい、顔が肥大化してしまいます。そこで、フェイスヨガを行うことで、しつこく蓄積している老廃物や毒素を排出するとともに、自分の力でリズミカルに動かすことが心・脳の病気予防、健康増

進にも寄与します。

本来、ヨガには、自分が本当に求めているものを引き寄せる習性があります。また、目的や夢を叶える方法として用いられることもあります。ヨガは、今の自分と本来の自分、自分の夢と現実など、様々なものを心と顔・身体を通して結びつける力があるのです。さらに、自分自身だけではなく、私たちを取り囲む自然、地球、宇宙の波動との調和をイメージすることで、健康・幸福が保たれ、心身ともに安らいだ状態になることができると考えられています。

Step 1

アドバイス 皮膚を傷つけないよう指の腹と皮膚の間に、泡をはさむ感じで、やさしくなでるように、マッサージしていきましょう！

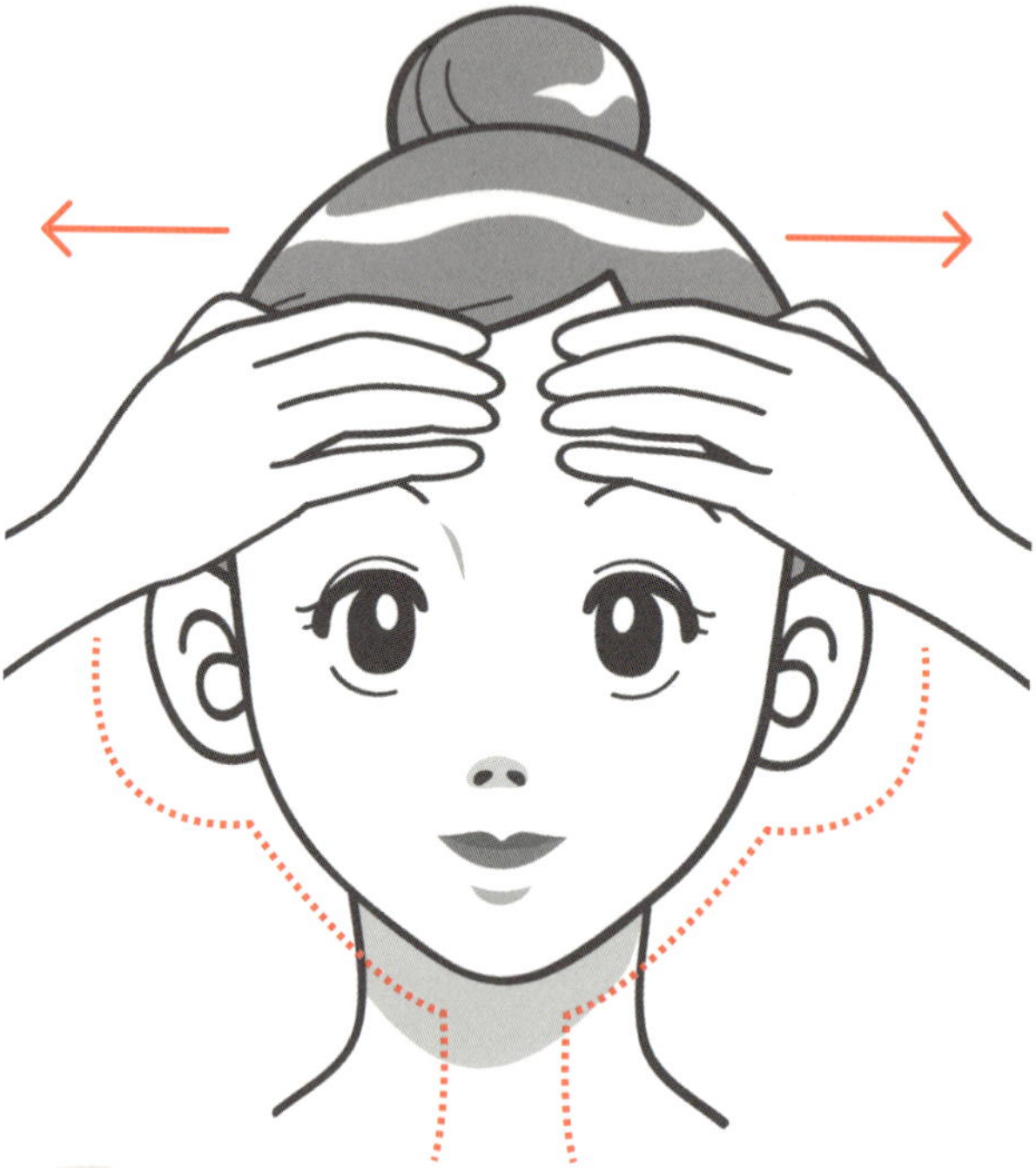

10セット 左右にやさしくなでる

息を大きく吸って、息を吐きながら親指以外の４本の指を額の中央に置き、左右に平行にずらしていく。耳の後ろを通り、リンパの流れに沿って鎖骨リンパ節まで流す。10セット行う。

Step2

アドバイス 目の周りの皮膚がピクピクするくらいしっかりとあけます。

5セット

こめかみをやや持ち上げながら圧をかける

息を大きく吸って、息を吐きながら人指し指をこめかみに置き、外側にやや上に向けて押す。この時、目は出来る限り、開ける。このポーズで6秒間キープ。5セット行う。

アドバイス 目の周りの血液・リンパの流れを良くしていきます！

3セット

人差し指に力を入れて眉を下げ、眼球は上げる

人指し指と親指で“C”を作る。人指し指は眉の上、親指は頬骨の上に置きます。人差し指に力を入れ眉を下げます。親指は頬骨の位置から動かぬよう支えます。眼球は人指し指の力に負けぬよう上を見るようにします。このポーズで6秒間キープ。5セット行う。

Step4

アドバイス 目元スッキリ！
目の疲労を解消していきますよ！

5セット

V字に指をおき、目を閉じる

両方の眉頭（攅竹）に中指を、目尻（瞳子髎）に人指し指を置き“ V ”を作ります。圧をかけながら目を完全に閉じないで薄目になるまで閉じます。このとき上瞼と下瞼の両筋肉がピクピクするくらい力を入れ、この状態で6秒間キープ。5セット行う。P13参照

アドバイス　目と口の周りの普段使っていない筋肉をほぐします。

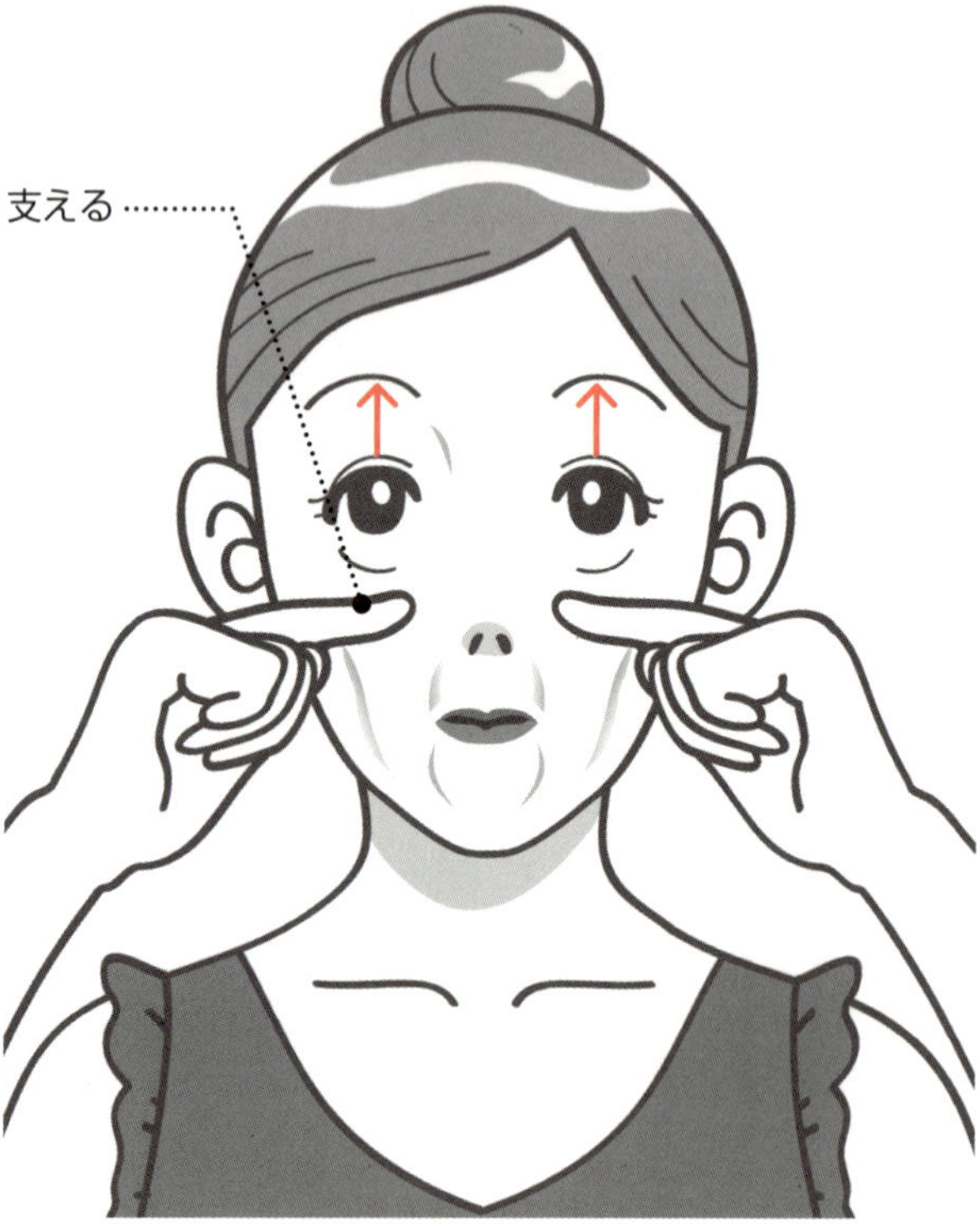

30秒間

唇を口の中にしまい、目をぱちぱち動かす

唇を口の中に閉まい“O”を作る。人指し指を目の下に置く。目は上を見上げてパチパチ動かす。 これを30秒間行う。

Step6

アドバイス 目の表情力を向上します。

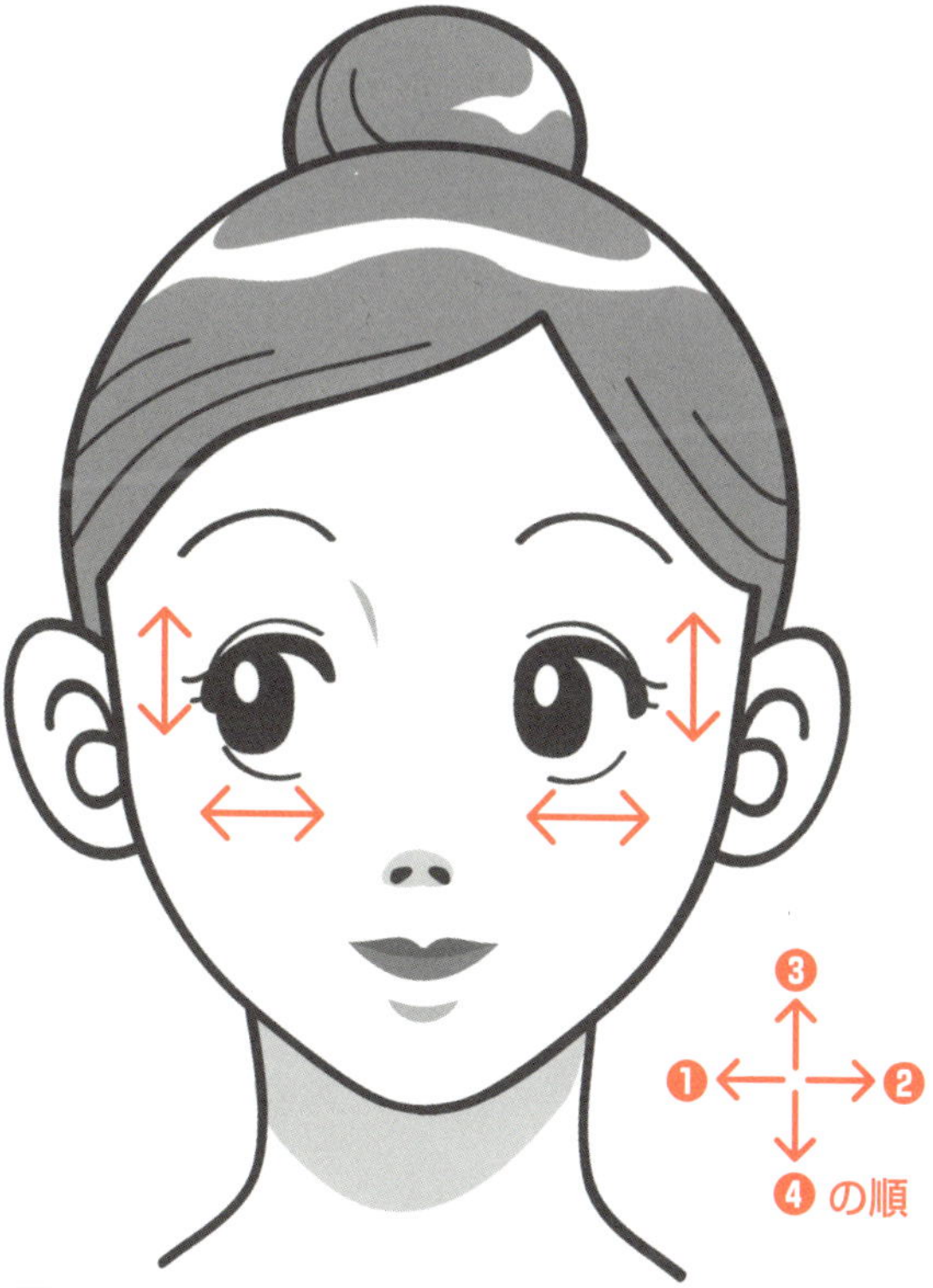

5セット

目を左右上下に動かす

顔は真正面を向き、目をゆっくり左右上下に動かす。6秒間、目を閉じる。5セット行う。

Step 7

アドバイス

頬部分は老廃物の宝庫。
空気風船で刺激して排出を促しましょう。

頬を左右交互に膨らませる

口の中で空気を入れ、頬を左右交互に膨らます。30秒間行う。

Step8

アドバイス 末端の毛細血管の血行まで良くすることで、むくみ、くすみも解消します。

頬全体を優しくつまむ

親指と人指し指、中指で頬全てを優しくつまむ。30 秒間行う。

アドバイス　舌の根元を意識して動かしましょう！

5セット

口の中で舌を左右に回す

口の中で、皮膚をさわるように舌を左右に回す。5セットで行う。

Step 10

アドバイス 普段、意外と使っていない唇の筋肉。口元の表情を上手に演出できるようになりましょう。

口の運動

唇を口の中に閉まい、“O”と“E”を繰り返す。30秒間行う。

Step 11

アドバイス 天に向かってkiss!
頬から下のフェイスラインの血液・
リンパの流れをスムーズに!

10セット

見上げる。唇を突き出す

上を見上げて空（天井）に向かって唇を“チュ”の形で突き出しキスをする。10セット行う。

Step 12

アドバイス 顎の下のたるみ・むくみといった
お悩みを解消！

30秒間

顎の下に親指の腹の圧をしっかりかける

親指の腹で顎の下から耳の下までのフェイスラインを内側から外側に向かってもみ出す。30秒間行う。

アドバイス 美しいフェイスラインと
首元のラインを作ります！

5セット

上半身と視線のエクササイズ

身体は真正面を向き、顔だけ右に傾ける。視線は右肩の下に向ける。この状態で6秒間キープ。次に、左も同じように行う。6秒間キープ。5セット行う。

Step 14

アドバイス 細胞を活性化します!

顔全体を優しくタッチ!

全ての指先で顔全体を優しくパッパッパッとタッチする。
30 秒間。

フェイスリフトマッサージ

心のSOSを見逃さないで

「皮脳同根」という言葉をご存知ですか？発生学で用いられる言葉で、皮膚（肌）と脳は同じ根を持つという意味です。ストレスなどの外部刺激が脳で反応し、肌に影響して、肌荒れなどの症状が出てしまうのです。まさに「肌は心の鏡」「皮膚は第2の脳」なのです。

頑張りすぎている方、日頃から鏡でよく、ご自分の顔を見て、どうか、心のSOSを見逃さないで下さいね！　自分の指の腹を使って、リンパの流れに沿って正しくマッサージを行います。すると、皮膚の内側の熱が上がり、脂肪が燃えやすくなります。また、コリが感じられる部分、顔のむくみやたるみを解消することはもちろん、リフトアップ・美肌を目指すマッサージです。主に、人差し指を使いますが、どんな器具を使うよりも、自分の指で行うことは一番安全で安心できます。今在る自分に感謝して、自分を愛する気持ちを大切に、優しくリラックスした気持ちでマッサージを行って下さいね。

また、「皮脳同根」の原理を利用して、このリフトマッサージの際、是非、行って頂きたいことがあります。言葉をかけながら行って下さい。言葉には素晴らしい力があります。世界的に有名な女優オードリー・ヘプバーンは、**「美しい言葉を贈れば、優しい言葉が返ってくる」**この言葉の性質を上手く利用して、「**美しい唇である為には、美しい言葉を使いなさい。美しい瞳である為には、他人の美点を探しなさい**」と言って、美人を保っていたそうです。自分に対して感謝の言葉をかけて頂きたいのです。すると、肌の細胞が反応し、答えてくれます。日頃、美肌を維持するために働いてくれているお肌への感謝の気持ちは4つあります。

・（肌を育ててくれる）角質細胞への感謝
・（汗と脂を出してくれる）汗腺・皮脂腺への感謝
・（皮脂膜作りをしてくれる）常在菌への感謝
・（肌に栄養を運んでくれる）血液への感謝

この感謝の気持ちを込めて、リフトマッサージを行うことが肌の美と健康を守れるのです。

Step 1

皮膚を温めます!

左右
5セット

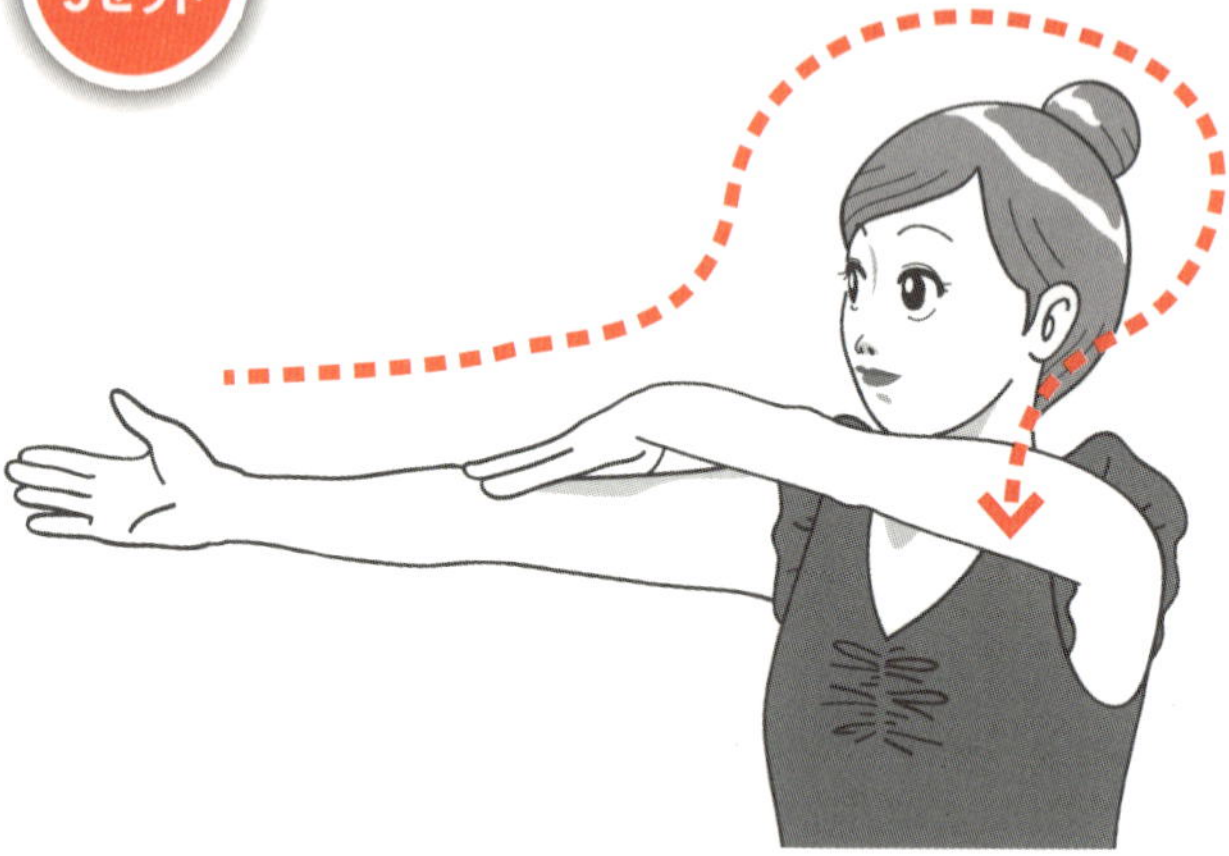

美しくなるためのおまじない

私の細胞たち、活き活き
美しくなる! 美しくなる!!

腕→肩→首→顔→頭の順でストローク（なでる）。
左右５回ずつ。

Step2

さらに顔を温めます!

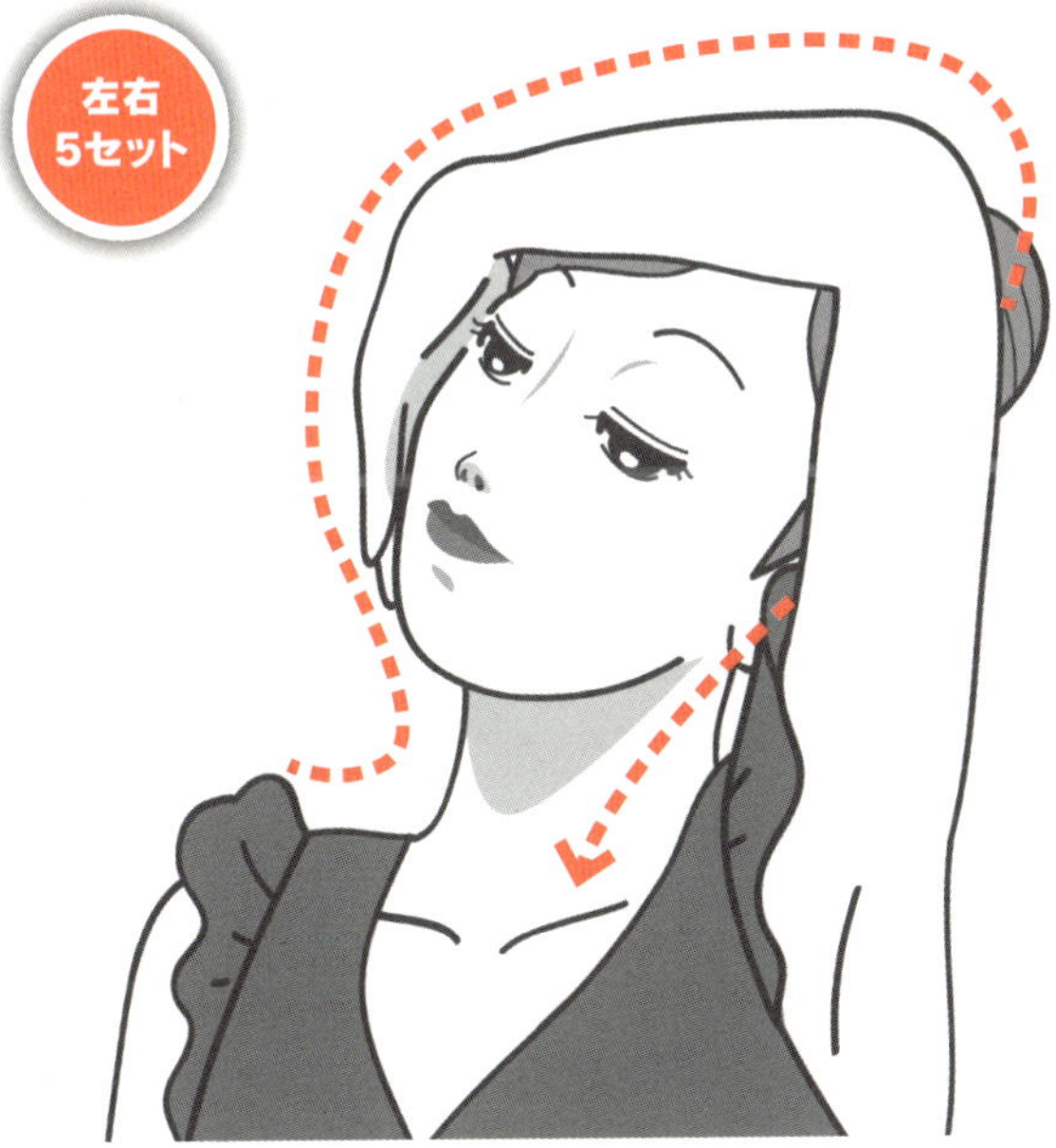

美しくなるためのおまじない

**360度どこからみても
きれいになる! きれいになる!!**

首→顔→頭の順でストローク。
左右各５回ずつ。

Step3

目元のアンチエイジング！

5セット

美しくなるためのおまじない

瞳の表現力がupする！
upする!!

人指し指と中指で鼻筋→目→頬→鼻の順に円を描くように
マッサージ。徐々に円を小さくしていく。
5セット行う。

Step4

鼻のリフトアップ!

5セット

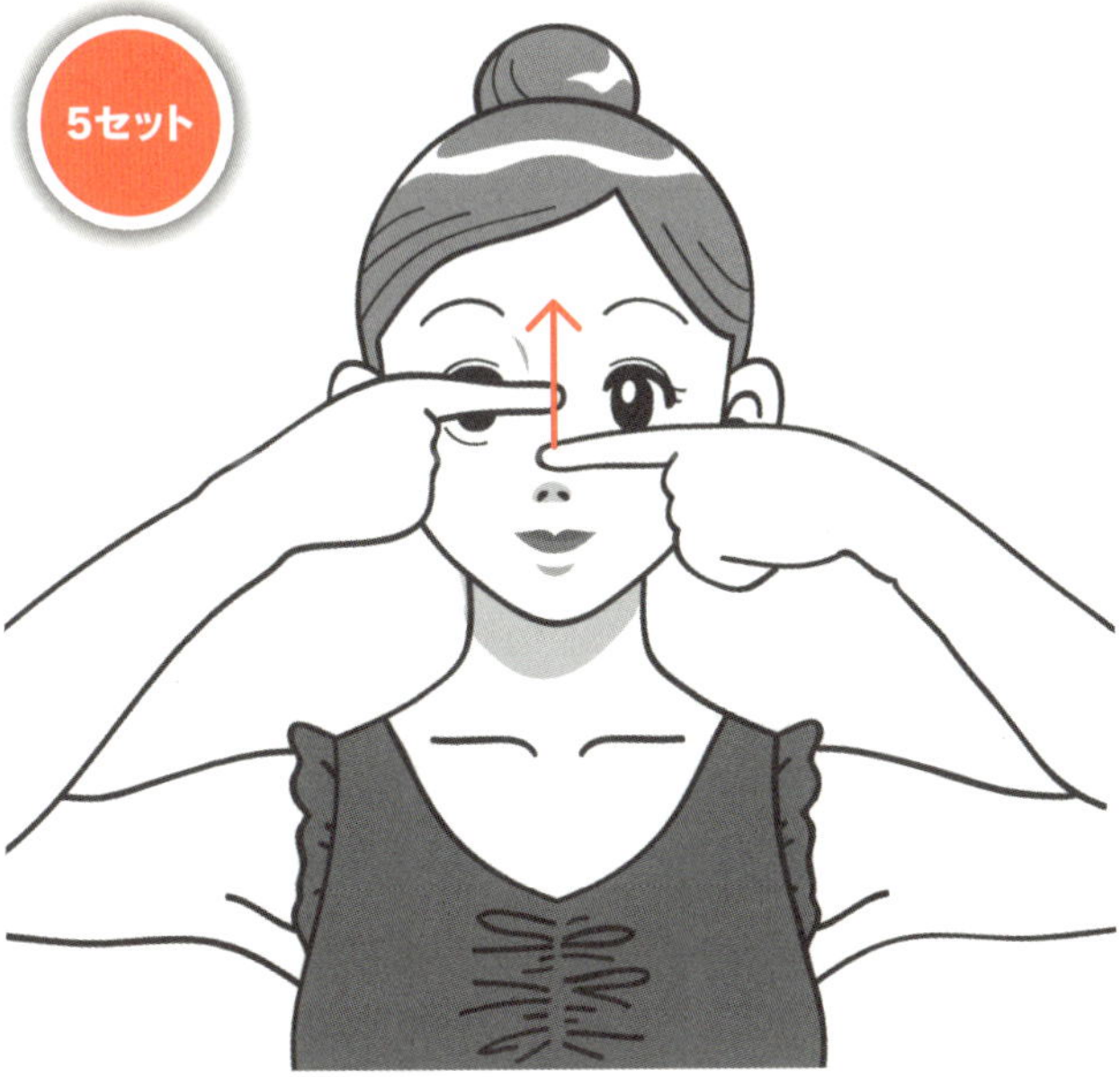

美しくなるためのおまじない

鼻筋が通り、鼻が高くなる!
高くなる!!

人指し指で鼻筋から額へストロークする。
5セット行う。

Step5

横顔をリフトアップ!

5セット

美しくなるためのおまじない

**いつも目元や頬が
もちあがる！ もちあがる!!**

人差し指と中指で耳たぶからこめかみへ向かって小さく円を描くようにマッサージ→こめかみで５秒キープする。
５セット行う。

Step6

エイジレスなフェイスラインを目指しましょう!

5セット

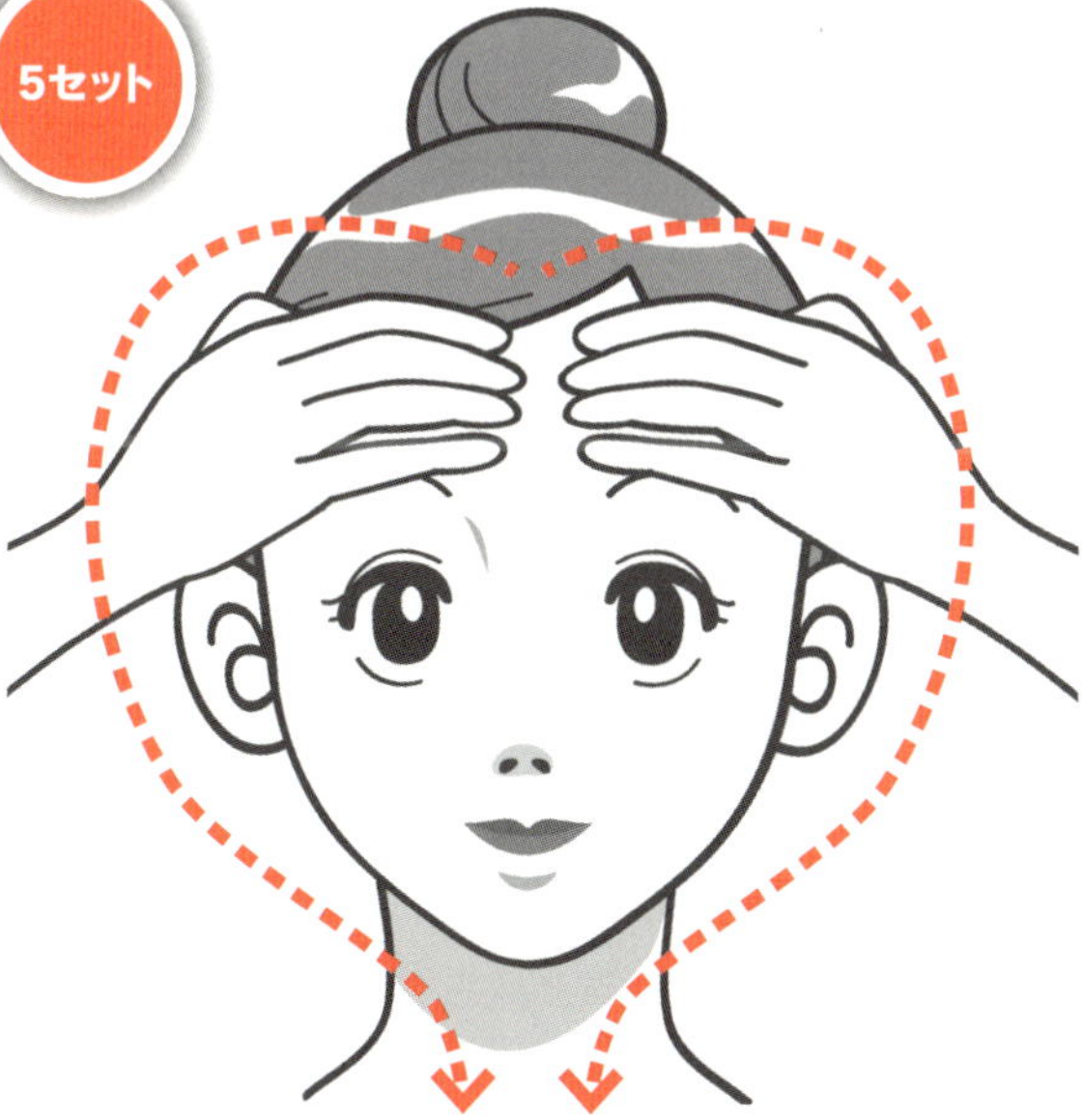

美しくなるためのおまじない

顔の内側に潜んでいる老廃物たちよ、
流れ出ていく！　流れ出ていく!!

親指以外の４本の指の腹で額をマッサージしながら
耳の下を通り鎖骨へ流す。５セット行う。

Step 7

表皮が活性化!

美しくなるためのおまじない

**末端の毛細血管たち、
流れが良くなる! 良くなる!!**

親指以外の４本の指の腹で額を易しくタップする。
30秒間。

Step8

頬をリフトアップ!

2セット

頬のエリア
全体を満遍なく！
左右
30秒

美しくなるためのおまじない

ほっぺたが上がり
私の笑顔が輝く！ 笑顔が輝く!!

人指し指を写真のように置き、片頬づつマッサージ。
左右30秒づつ。２セット行う。

Step9

若々しい顎のラインを目指しましょう！

2セット

左右
30秒
奥から外に
向かって
押し出します

美しくなるためのおまじない

**あごのたるみや贅肉たちが、
私の顔から出ていく！ 出ていく!!**

親指の腹で顎の下から耳の下までのフェイスラインを内側から外側に向かってもみ出す。30秒間行う。

Step 10

エイジレス美人を目指しましょう!

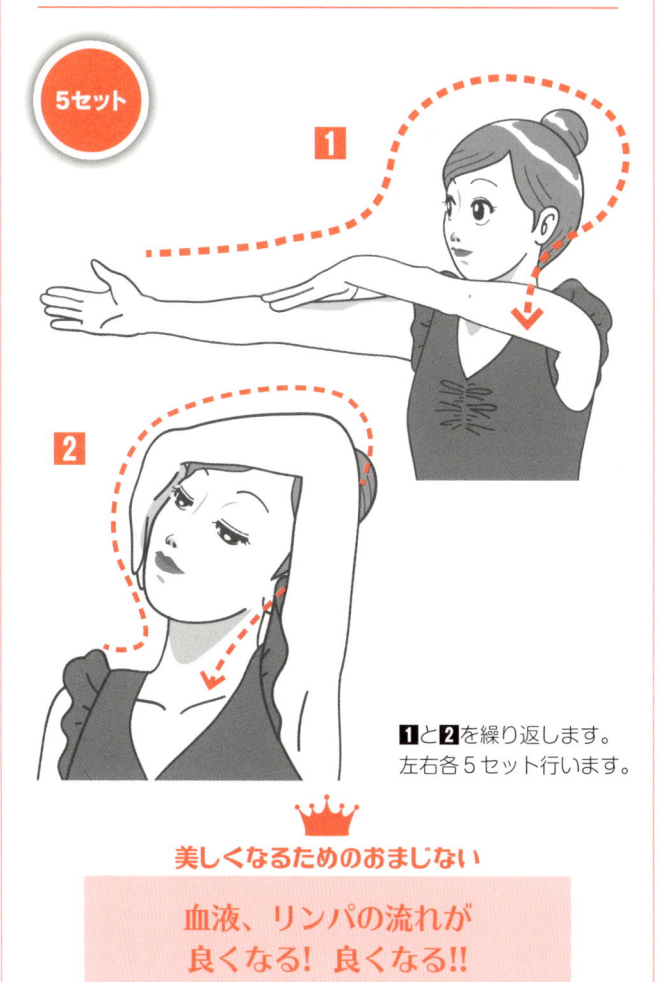

5セット

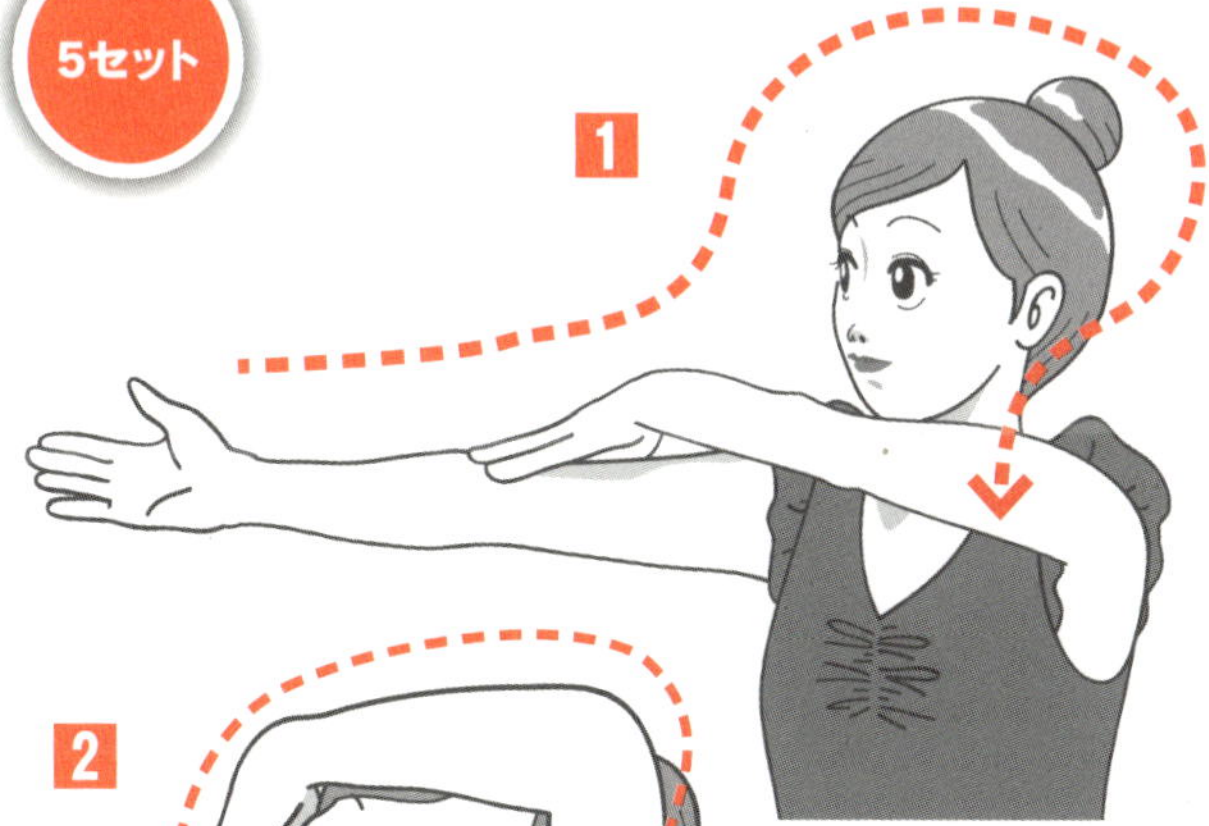

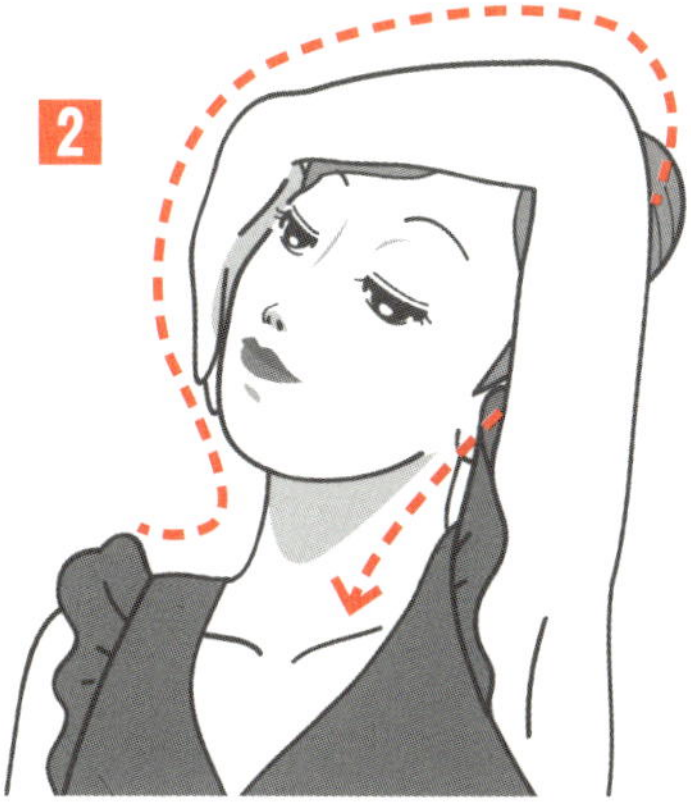

1と2を繰り返します。
左右各５セット行います。

美しくなるためのおまじない

血液、リンパの流れが
良くなる! 良くなる!!

Step 11

頭皮をフィットネス！

1分間

1 全ての指で頭皮をマッサージ。

1分間

2 拳で頭蓋骨を刺激する。

美しくなるためのおまじない

硬くなった頭皮たち、
柔らかくなる！ 柔らかくなる!!

Step 12

Let's ウェルビーイング!

美しくなるためのおまじない

**私の表情力が高まり
宇宙の幸せに貢献できる!
ありがとう!!**

親指と人指し指で耳をマッサージする。
耳たぶ、真ん中、上を5回ずつやさしく引っ張る。

フェイスエクササイズセミナー参加者のご感想

- **病後の一助になれば**と思いました。心を映し出す顔・表情にシャッターが降ろされている日常でしたので、これから日々、練習し、明るい毎日を過ごしたい。 (49歳・男性・会社員M・O)
- **笑顔に対する認識を変えるきっかけを得た**様に思った。もっと深い何かに繋がるように感じた。 (28歳・女性・会社員Y・H)
- **ワクワクしてきました。**よく自信がないと言われるのでメイクも頑張りつつ、表情筋を鍛えたいと思います。 (25歳・女性・IT関連C・S)
- 先生のお話が分かりやすく、**すぐに実践できる方法**も教えて下さり、楽しくあっという間の時間でした。普段、腹式呼吸も意識していなかったので、声も変えていこうと思いました。 (30歳・女性・流通業Y・M)
- 思っていた以上に、普段、顔の筋肉を使っていないことに気が付きました。**作り笑いは心の健康に良くない**という話に感動しました。 (36歳・男性・会社員S・I)
- **表情から自分の性格を読まれ、びっくりしました。**自分の幸せのために、自分の表情を研究していきたいと思います。 (38歳・男性・フリーランスH・T)
- 普段、**意識していない表情の筋肉を動かす**ことができて良かったです。アドバイスを活かせるよう継続していきたいと思います。 (44歳・男性・会社員M・Y)
- **すごく分かりやすいエクササイズ**なので、飽きずに日常生活に取り入れられると思います。 (28歳・女性・自営業I・S)
- **顔がポカポカ**してきました。これまで、いかに表情筋を動かしていなかったか、つりそうになったり、疲れたりして、よく分かりました。面倒くさがり屋ですが、簡単なので続けてみようと思います。 (40歳・男性・自営業M・S)
- 先生がとても素敵で、**内容もこれからの人生の価値がある**もので、嬉しかったです。 (36歳・女性・会社員K・N)
- 自分の笑顔をもっと魅力的にしたい、表情筋について知りたいと思い参加しました。**フェイスエクササイズをしたら、目元の疲れがとれて、楽になりました。** (43歳・女性・管理栄養士M・W)

〈イギリスのショッピングモール内でヨガ専門誌主催のイベントの模様〉

メラビアンが本当に伝えたかった表情の大切さ

「メラビアンの法則」をご存知でしょうか？　人と人とがコミュニケーションを図る際、話の内容などの言語情報が7％、口調や話の早さなどの聴覚情報が38％、見た目などの視覚情報が55％の割合で、「見た目が一番重要」あるいは「話の内容よりも喋り方のテクニックが重要」という結論が導き出されるビジネススキルです。よく就職試験の面接対策セミナーやビジネスマナーなどの研修、話し方教室、自己啓発書などで紹介されています。

ところが、実際に、アメリカの心理学者アルバート・メラビアン博士が行った研究は、「好意・反感などの態度や感情のコミュニケーション」において「メッセージの送り手がどちらとも取れるメッセージを送った」場合、「メッセージの受け手が声の調子や身体言語といったものを重視する」ということを言っているに過ぎません。

しかし、いつの間にか、この結果だけが、「見た目が一番重要」あるいは「話の内容よりも喋り方のテクニックが重要」などと一人歩きしてしまっているのが現状です。**ただ、メラビアンの法則から理解できることは、私たちは相手の本心を探る際、声や言葉だけでなく表情からも相手の心理や感情を読み取ろうとしているということです。**

私たち人間は、もし、心の中で迷いや違いが生じたなら、必ず何かしらのサインを発し、不自然な表情を成すのです。そして、その感情を隠そうとすると、表情筋に負担がかかります。不自然な表情というのは、正しい情報を相手に届けることができません。逆に、相手に不安や心配を与えてしまうこともあります。

食事をしていて「美味しい」と言うのに、ただ言葉だけで「美味しい」と表現するのと、心から美味しいという表情を添えて「美味しい」と言うのとでは、間違いなく後者のほうが、本当に美味しいんだなという気持ちが伝わります。

私は新人時代、全国のＡＭ・ＦＭラジオ局内のショッピングコーナーを担当していました。スタジオでの進行もありましたが、多くは各放送局と電話回線で繋ぎ、見えない相手に声だけで商品を紹介していました。しかも、その商品紹介に用意された時間は２、３分が大半で、長くても5分でした。声のみでリスナーに伝えることは容易なことではありません。毎回、放送後に収録したテープを確認するのですが、新人の私にとって声だけで伝えることは、とても難しくて、自分では心を込めて話しているつもりでも、そこから聞こえる声は、原稿をただただ読んでいるだけ。挙句の果てに、何度も上司や先輩から注意を受けました。気持ちを込めているつもりでも全くできなくて、ちょっとオーバーなのではというくらいで話しかけたり、言葉に抑揚をつけたり、間をあけたり、リアクションで進行しても、あまり売り上げが伸びないという状態が続きました。そして、先輩たちの放送を見学させて頂き、何が一番違うのか気付いたのです。それこそが「表情」だったのです。

　これまでの私は、言葉や話し方を意識していましたが、表情については全く意識していなかった自分に気付きました。

　これ以降、台本や原稿にも顔（表情）のマークをつけ、オーバーすぎるくらいの表情で話すようにしました。すると、ぐぐんと商品の売り上げが伸びたのです。今でも、この経験談は、コールセンターなど見えないお客様に対してお仕事されている方々の研修で、よくお話させて頂いております。

良い表情（良顔）は良い心を育む

私が考える「良い表情」の方は、社会の中で、ルール・マナー・モラルを意識しながら表情筋をしなやかに柔軟に動かし、豊かな表情で自分を輝かせて生きていらっしゃる方です。

日本の有名な女性小説家の宇野千代さんの『幸福は幸福を呼ぶ』の中で、

「幸福も不幸も、ひょっとしたら、その人自身が作るものではないのか。そして、その上に、人の心に忽（たちま）ち伝染するものではないのか。とすると、自分にも他人にも、幸福だけを伝染させて、生きて行こう、と私は思う。

人間同士のつき合いは、この心の伝染、心の反射が全部である。何を好んで、不幸な気持ちの伝染、不幸な気持ちの反射を願うものがあるか。

幸福は幸福を呼ぶ。幸福は自分の心にも反射するが、また、多くの人々の心にも反射する。」

とあります。まさに、この文章の通りだと思います。

幸せか、幸せでないかを決めているのは、自分（の考え方）の癖によるところが大きいといえます。そして、その心は自分の表情や態度などに何かしら表れるわけですから、相手の心にも伝染（影響）するということです。

心理学の世界では「ミラー効果」「ミラーリング」「同調効果」という言葉があります。人は他者の言動や表情に、知らず知らずの間に同調するというものです。親密な関係では相手と同じ動作をすることが多く、好意を抱いている相手と同じ動作を繰り返してしまうということなども、ミラー効果に相当します。また、人間関係のテクニックとして相手に好感を抱いてもらうために、意識的にミラーリングを使用することもあります。

よく「一緒にいる時間が長いと顔が似てくる」と言われますが、下記のような研究結果もあります。ミシガン大学のロバート・ザイヨンス博士の研究グループは、結婚して25年以上が経過している夫婦に頼んで、現在の写真と、25年前の新婚当時の写真を持ってきてもらったそうです。そして、この写真について、１１０名の大学生に、「類似度」の得点をつけてもらったところ、新婚当初の写真は、「あまり似ていない」と判断されたものの、25年以上も経った現在の写真は、「似ている」と判断されたということです。たとえ、血のつながりがなくても長い間、同じような生活習慣で暮らしていると、顔つきが似てくるというのは事実ということです。この研究は、夫婦間でしたが、友人や職場など置かれる環境によっても、自分の顔つき・表情が変わっていくといえるでしょう。

人生において悩みやストレス・プレッシャーはつきものです。だからこそ、この顔体操を通して、動かなくなってしまっている表情筋を再生することで、表情筋をベストポジションに戻し、本当の表情で、相手の心に「心を届ける」コミュニケーションを実践して下さい。このような習慣を育くんでいくことで、ストレスやプレッシャーと上手に共生し、周囲の大切な方々をもwell-being(身体的・精神的・社会的健康・幸福)に導くことが可能になると私は考えています。最後に、私が心の中に大切にしまっている一曲をご紹介します。

スマイル（チャールズ・チャップリンの曲）

さぁ、笑ってみましょう。
たとえ、あなたの心が痛んでいるときでも
さぁ、笑ってみましょう。
たとえ、くじけてしまいそうになっているときでも
空が曇っていても、
笑うことを忘れずにいれば、
きっとどんな困難だって
乗り越えていけるはずでしょう
もしも、あなたが不安や悲しみを抱えていても、
心の中だけでも

笑うことを忘れずにいれば、
あなたは、素晴らしい人生の価値に気づくことができるでしょう。
そうすれば、いつか太陽は、ニコニコとあなたに笑いかけてくれるはず。
だから、いつも喜びに満ちた笑顔で、輝いていましょう。
たとえ、どんなに辛くても、悲しくても、涙を隠して、頑張って笑顔でいましょう。
そういうときこそ、あなたは、
素晴らしい人生の価値に気づくことができるでしょう。

（著者訳）

　顔体操を日常習慣化すると、表情のレパートリーが増えます。実は、笑顔の中で、一番、筋力がついていないと成すことができないのが〝微笑み〟なのです。あなたの一度きりの人生、輝きあふれる〝微笑み〟の時間がたくさん訪れますように…

宇宙のエネルギー

地球人の笑顔が

おわりに

今、こうして最後まで読んで頂けましたこと心からの感謝を申し上げます。どうも有難うございました。

私自身、これからがまた新しいスタートです。そこで、お願いがございます。今後の研究に役立たせて頂きたく、ご意見・ご感想などを頂戴できましたら幸いです。顔体操は、呼吸・瞑想を意識してリズミカルに表情筋を動かすことで、外面のみならず、内面にも効果を発揮します。

本編を通し、この顔体操が、いかに自分の力で自分の健康を守り、自然治癒力を高めるセルフケアであることが伝わったのでありましたら本望です。また、表情が活き活き、心がワクワクときめいて取り組むことは必ず、どこかで宇宙のエネルギーに繋がっていると私は信じています。

最後になりますが、改めまして、本書執筆にあたり、大変お世話になりました、日貿出版社代表取締役川内長成社長、取締役の高戸寧さん、株式会社エスファクトリー代表取締役竹内則晶社長、デザイナーの松尾紀宏さん、イラストレーターの高橋優子さん、ポール・エクマン氏、デービッド・マツモト氏、英国予防医学機関、フェイスエクササイズの師匠ダニエル・コリンズ、国際ホリスティックフェイス協会理事にご就任頂きましたフリーアナウンサー・表情アドバイザーの菅家ゆかりさん、メンタルトレーナー・株式会社ＭＪコンテス田中ウルヴェ京さん、順天堂大学スポーツ健康科学部長野川春夫先生、ＩＣＨＭ公認フェイスエクササイズインストラクター日本第1期生の皆さん、そしてサポートして下さっているＮＰＯ法人アンチエイジングネットワーク理事長の塩谷信幸先生、事務局の皆さん、これまで私のセミナー・レッスンを受講して下さった皆さんに心からの感謝を申し上げます。最後に、私をこの世に誕生させ、如何なる時も支え、応援してくれた両親と妹家族に心から「ありがとう」と申し上げまして、ペンを置きたいと存じます。

2013年2月吉日

岡本るみ子

〈イギリス最大のヨガ展示会でのデモンストレーション〉

〈参考文献〉

・ポール・エクマン『顔は口ほどに嘘をつく』　河出書房新社
・菅家ゆかり『一週間で「決め顔・勝負顔」を手に入れる　１日３分の表情エクササイズ（講談社の実用ＢＯＯＫ）』　講談社
・浅見帆帆子『宇宙につながると夢はかなう～さらに強運になる33の方法～』　フォレスト出版
・宇野千代『幸福は幸福を呼ぶ』　集英社

岡本るみこ

国際ホリスティックフェイス協会代表。International College Of Holistic Medicine（以下、ICHM）公認フェイスエクササイズスーパートレーナー。心理表情学研究家。1979年東京都生まれ。順天堂大学卒業。在学中から司会業を始め、卒業と同時に事務所に所属、アナウンサー・ラジオDJとして活動。2008年、シンガポールで心理表情学の世界的権威であるポール・エクマン氏への取材をきっかけに表情分析技術を学ぶ。2010年、イギリスのICHM公認のフェイスエクササイズ国際資格を学び始める。2012年2月に受験、合格。日本人初、唯一の資格取得者となり、同協会と日本における独占契約を締結。帰国後、有志を募り、4月に国際ホリスティックフェイス協会を設立、代表に就任。現在、官公庁・企業などでの講演や㈱ビジョンテックにて研修講師、大学非常勤講師、カルチャースクールやフィットネスクラブなどで講座を担当。個人コンサルティングも行っている。

● 国際ホリスティックフェイス協会HP　http://www.facial-microexpression.com
● 岡本るみ子ブログ　http://ameblo.jp/runrun0428jp/
● 岡本るみ子Facebook　http://www.facebook.com/runrun0428jp

顔《かお》体《たい》操《そう》

●定価はカバーに表示してあります

2013年4月10日　初版発行

著　者　岡本《おかもと》るみ子
発行者　川内長成
発行所　株式会社日貿出版社

東京都文京区本郷 5-2-2　〒113-0033
電話（03）5805-3303（代表）
FAX（03）5805-3307
振替　00180-3-18495

印刷　株式会社加藤文明社
カバーデザイン　松尾紀宏
本文レイアウト　平林弘子

ISBN978-4-8170-7030-2　http://www.nichibou.co.jp/